La escritora no
Solmonson llev
a desvelar los secretos y maravillas del mundo
líquido. En el *LA Weekly* escribe regularmente
sobre vinos, aguardientes, cócteles y otras
tentaciones. Sus artículos tambien han
aparecido en revistas como *Chilled, Gourmet,
Wine Enthusiast* o *Dining Out*. Actualmente
trabaja en una historia universal de los licores.

Historia universal
de la ginebra

Lesley Jacobs Solmonson

Historia universal de la ginebra

Lesley Jacobs Solmonson

Traducción de
Bernardo Domínguez Reyes

MALPASO BARCELONA MÉXICO BUENOS AIRES

Para David, la tónica de mi ginebra.

Introducción

El primer uso de la palabra *gin* documentado en inglés se remonta a *La fábula de las abejas o vicios privados, beneficios públicos* (1714), de Bernard Mandeville.

> Nada más destructivo para la salud, el discernimiento o la industria de los pobres que ese infame licor cuyo nombre deriva en holandés de las bayas de enebro y que es ahora, por el uso frecuente y el lacónico espíritu de nuestra nación, conocido como *gin*, una palabra de tamaño medio abreviada a monosílabo. Es la embriagante ginebra que seduce a los holgazanes, a los desesperados y a los locos de ambos sexos: un ardiente lago que prende el cerebro, quema las entrañas y nos abrasa por dentro; un leteo del olvido donde los desgraciados ahogan sus más lacerantes penas.

El licor tóxico que Mandeville describe aquí tan apasionadamente estuvo a punto de devastar Londres durante la denominada Locura de la Ginebra a principios del siglo XVIII. Sorprendentemente, esa ginebra asesina acabaría siendo la clásica bebida que hoy todos conocemos.

William Heath, *Vamos a tomar otra* (hacia 1880). Aguafuerte coloreado a mano. La leyenda reza así: «Como dice Milton, la ginebra y la gloria llevan a la tumba».

Todo licor (ya sea ginebra, whisky, ron o brandi) tiene un relato que contar, mas la historia de la ginebra rebosa de contradicciones. Ha sido la bebida de reyes y de plebeyos. Ocasionó la primera narcohisteria de la Edad Moderna en el Londres del XVIII, pero la variedad conocida como *london dry* se convertiría en símbolo de sofisticación por medio del dry martini. En Estados Unidos fue ángel y demonio: toque digestivo en los primeros «cócteles» y pecado nefando durante la Prohibición. Aunque está ya consagrada en la cultura etílica contemporánea, la ginebra aún debe lidiar con los fantasmas de su mala reputación. No es casual que en inglés sigan existiendo expresiones como *gin-mill* o *gin-joint*, «tugurio» o «taberna», y *gin-soaked*, «borracho»; literalmente «empapado de ginebra».

Entre todos los licores, quizá la ginebra sea el más alabado y, a la vez, el más denostado. Quienes disfrutan de esta bebida no suelen probar otras. Quienes prefieren otros venenos no dejan pasar la ocasión de menospreciar sus supuestos atractivos: como dijo cierto borrachín con ínfulas poéticas, «la ginebra sabe igual a como huelen los árboles de Navidad». Efectivamente, el aroma a pino de la ginebra es, en cierto modo, causa tanto de su prestigio como de su inevitable condena.

John Collier, *Aquí está la vieja y alegre Kate con Nan y Bess* (hacia 1773). Este grabado posterior a la Locura de la Ginebra censura a las mujeres que ingerían el licor. La de la izquierda bebe una copa; la de la derecha sostiene un cuenco de ponche.

El enebro, ingrediente clave en la composición de la ginebra, se ha utilizado desde antiguo con fines medicinales. De hecho, sus propiedades curativas eran tan reconocidas que la transición desde saludable tónico a licor terapéutico se dio con absoluta naturalidad por poco sentido que tuviera. Sea su empleo médico o recreativo, la ginebra se caracteriza por un singular aroma a bayas de enebro (que se llaman nebrinas y, en realidad, no son bayas, sino gálbulas). En su definición más simple, la ginebra es un aguardiente elaborado a partir de cereales fermentados que se destila con varias plantas aromáticas entre las cuales destaca el enebro.

Bayas de enebro, el principal aderezo de la ginebra.

Esta definición, sin embargo, resulta un poco superficial. La ginebra es mucho más que un simple licor perfumado porque también es una lente que nos permite observar la evolución de la sociedad, la política y la agricultura. Como insinúa con tanta elocuencia el pasaje de Mandeville, la historia de la ginebra es una larga y accidentada sucesión de descubrimientos. Por ejemplo, aunque muchos la asocian con Gran Bretaña, la ginebra tuvo su origen en el Flandes del siglo XIII. Allí nació bajo el nombre de *jenever*, que significa «enebro» o «junípero» en holandés.

Tarjeta publicitaria que muestra la destilería Louis Meeùs de Amberes hacia 1900.

La jenever es una sustancia completamente distinta al vivificante líquido cristalino que hoy solemos ingerir mezclado con tónica. También se elabora con nebrinas, lo que hace de ella una ginebra, pero su sabor es similar a la dulzura maltosa del whisky.

La jenever se popularizó en Gran Bretaña durante el siglo XVIII, pero los destiladores británicos fueron incapaces de copiarla. Por tanto, durante la Locura de la Ginebra que estalló poco después de que Mandeville publicara sus observaciones, el *gin* inglés se asemejaba más a un aguardiente casero. A lo largo del XIX, esa pócima fue evolucionando hasta convertirse

Anuncio de los años sesenta para la ginebra Gordon's. Componente principal del dry martini, la variedad london dry era un símbolo de sofisticación.

en lo que se llamó *old tom*, un tipo de ginebra que primaba los condimentos vegetales (hierbas y especias que conferían a cada ginebra un sabor particular), así como los edulcorantes, muy apreciados en aquella época.

La old tom dio lugar a la london dry, la variedad más famosa de ginebra. Y, con la london dry como punto de referencia, el dinámico mundo de la destilería moderna produce hoy en día una amplia gama de ginebras artesanales elaboradas con vegetales exóticos y novedosas técnicas de destilación. La ginebra de nuestros días no corresponde a una única clase de bebida y los límites de su definición son cada vez más imprecisos. Además han resurgido ginebras arrinconadas por los caprichos del tiempo que hoy presentan un nuevo universo de sabores tanto a los adeptos como a los críticos.

El libro que ahora tiene usted entre las manos examina la evolución de este enigmático brebaje que fue primero elixir medicinal y después exterminador de hombres para acabar desempeñando un papel decisivo en el nacimiento del cóctel. Como bien dijo lord Kinross, autor de *The Kindred Spirit* [el licor afín]: «La historia de la ginebra es la historia de un éxito: un fogoso licor que ascendió desde lo más bajo hasta ganarse el respeto de los hombres civilizados».

1
Los orígenes terapéuticos de la ginebra

La civilización empieza con la destilación.
WILLIAM FAULKNER

La historia de la ginebra está estrechamente ligada al enebro y sus fragantes frutos. Este árbol perteneciente a la familia del ciprés se usaba en la Antigüedad como remedio para todo tipo de enfermedades. Plinio el Viejo lo menciona en su *Historia natural* y Aristóteles afirmaba que era excelente para la salud. Los egipcios preparaban un tratamiento para paliar el dolor de cabeza hirviendo nebrinas con olíbano, comino y grasa de oca. Los árabes extraían la resina del enebro y la usaban para tratar el dolor de muelas. Durante la Antigüedad y el Medioevo se utilizaba un mejunje de vino dulce y hierbas (enebro, salvia, romero y mejorana) como anticonceptivo y abortivo. Pasaría largo tiempo antes de que su empleo como aromatizante de la ginebra moderna relegara las propiedades curativas del enebro a un segundo plano (o al olvido).

El alcohol y el mundo antiguo

La historia de la ginebra, como la de todos los destilados, comienza con el descubrimiento fortuito del alcohol mismo. El alcohol es un derivado natural de la interacción entre la levadura y el azúcar durante el proceso de fermentación. Es imposible saber con exactitud en qué momento comenzaron a fermentar bebidas nuestros antepasados del Neolítico porque no hay registros escritos de esa época. En cualquier caso, un feliz accidente de la naturaleza los expuso a los singulares efectos del alcohol y los animó a elaborar las primeras bebidas fermentadas. En efecto, los residuos encontrados en vasijas neolíticas procedentes de China y Mesopotamia sugieren que esos recipientes se usaban para conservar bebidas alcohólicas elaboradas a partir de productos agrícolas como el arroz, la cebada o la uva. Se desconoce si estos licores se usaban con fines médicos, ceremoniales o recreativos, pero algo está claro: ya se había abierto la barra.

Las pruebas de que nuestros ancestros de las orillas del Nilo dejaron de ser abstemios hace unos 6000 años se observan en distintos jeroglíficos y en los restos de una cervecería (la más antigua del mundo) hallados en Hieracómpolis. Tampoco los griegos se distinguían por su sobriedad, pero en líneas generales tendían a la moderación por más que los identifiquemos con el culto a Dioniso (también conocido como Baco), el lascivo amante de las viñas. Los romanos adoptaron a Baco como dios propio y llevaron el vino a todos los rincones de su imperio o, al menos, a todos los rincones donde medrara la vid.

Dibujo que representa una rama de enebro. Distintas partes de la planta (corteza, bayas, hojas y resina) se han empleado con fines medicinales a lo largo de la historia.

La alquimia medieval

Si nuestros antepasados dipsómanos se hubieran contentado con el vino y la cerveza, todos habríamos sufrido por ello. Afortunadamente para nosotros, la curiosidad condujo a los alquimistas árabes al descubrimiento de las bebidas espirituosas, lo que ahora conocemos como aguardientes. La cerveza y el vino se elaboran mediante fermentaciones con levadura que producen líquidos cuya graduación alcohólica no supera el 15 %. La ginebra y los demás licores se obtienen destilando un líquido alcohólico fermentado a partir de cereales, frutas o verduras. Si la ebullición del agua ocurre a los 100 ºC, el etanol (alcohol etílico) hierve a los 78,37 ºC. La destilación descubierta por los árabes separaba el etanol del agua creando así un vapor alcohólico que se podía acumular. Cuando se enfriaba, ese gas regresaba por condensación al estado líquido y se transformaba en el mágico elixir que llamamos licor.

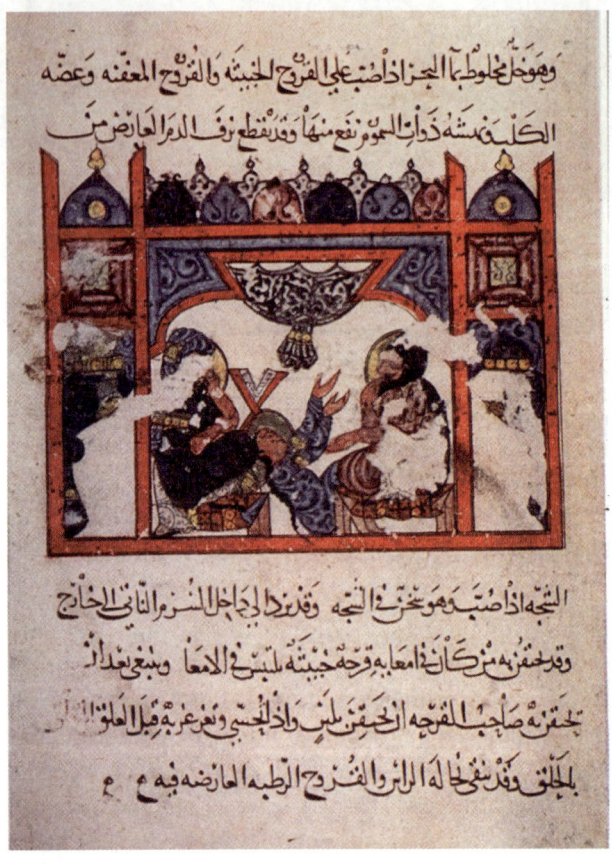

Médicos discutiendo junto a un paciente. La imagen aparece en una traducción al árabe de *De materia medica* (1222), obra escrita por Dioscórides en el siglo I d. C.

Mientras Europa se arrastraba por lo que se ha dado en llamar «edad oscura» (aproximadamente entre los siglos IV y IX d. C.), los alquimistas árabes destilaban sin descanso. Aunque Aristóteles habló de convertir el agua de mar en un líquido potable, la mayoría de los estudiosos atribuyen el fino arte de los destilados a Ŷābir ibn Hayyan (721-815 d. C.). Conocido en el mundo occidental por la forma latinizada de su nombre, Geber intentaba descubrir la legendaria «quintaesencia», una etérea sustancia que para unos prolongaría la vida eternamente y para otros transformaría los metales comunes en oro.

Hieronymus Brunschwig, *Aparato para destilar*. Grabado del siglo XV.

Quizá su aportación histórica más valiosa, al menos en lo que concierne a la ginebra, fue la invención del alambique. Ya en el siglo I d. C., Dioscórides había descrito el proceso de la destilación en su obra *De materia medica*. Este libro, y los remedios herbarios en él consignados, se difundieron por todo el mundo conocido convirtiéndose en el fundamento de la farmacopea moderna. Al mismo tiempo, María la Hebrea, una alquimista de Alejandría, inventó varios tipos de destiladores, entre ellos una especie de alambique. Los árabes aprovecharon estos conocimientos para sus propios proyectos alquímicos.

El alambique (del árabe *al-inbīq,* y éste del griego *ambix,* «copa» o «recipiente para destilar») es el antecesor directo de las alquitaras modernas, esos enormes aparatos esféricos de cobre que se usan en la elaboración de las bebidas espirituosas. Geber perfeccionó la destilación del alcohol, pero nunca le encontró un uso.

Al-Razi (865-925 d. C.; Rhazes o Rasis según la forma latinizada del nombre) advirtió que el alcohol podía ser útil como disolvente para medicinas y llamó al producto de sus destilaciones *aqua vitae,* que en latín significa «agua de vida», el *eau-de-vie* de los franceses. Este elixir se empleó durante siglos para combatir un sinnúmero de dolencias hasta que empezó por fin a consumirse por placer: el mundo estaba listo para asistir al nacimiento de la verdadera ginebra.

Los conocimientos de Ŷābir y Al-Razi se extendieron por toda Europa y llegaron a los monjes benedictinos de Salerno, Italia. Además de su papel religioso, los monasterios eran también centros de salud donde los monjes experimentaban con todo tipo de preparados medicinales. Se desconocen los nombres y las fechas exactas, pero fue uno de esos industriosos frailes quien inventó lo que Geraldine Coates llama en su libro *Classic Gin* «la primera protoginebra», una destilación de nebrinas empleada para tratar problemas de riñón y vejiga.

La destilación permaneció en el olvido un par de siglos hasta que Arnau de Vilanova, profesor en la Universidad de Montpellier, escribió sobre ella durante el siglo XIII. En su obra sobre el vino, *Liber de vinis,* Vilanova describe las propiedades vigorizantes del *aqua vitae* y explica cómo se podía mejorar su sabor añadiéndole diversas hierbas y especias.

Las nebrinas y la parca

Los destilados no tardaron en rebasar los confines de los monasterios para acomodarse en los hogares de la nobleza. Después de siglos usándolas como curalotodo, no era raro que se agregaran bayas de enebro a refrescos y aguardientes caseros. Pero la dicha de sorber un tónico con enebro al amor de la lumbre sería eclipsada por la frenética desesperación de unas gentes que intentaban conjurar a la muerte misma. Había llegado la Peste Negra y el enebro iba a desempeñar un papel decisivo como el remedio milagroso del siglo XIV.

Ni los hombres ni las bestias se libran de la peste. Xilografía de Hans Weidich reproducida en una edición alemana del *Cancionero* de Petrarca (1532).

La *Yersinia pestis*, una bacteria que se transmite entre las ratas a través de las pulgas, causa una enfermedad

Médico veneciano en tiempos de la peste. Acuarela de Giovanni Grevembroch (1731-1807).

que se conocería como «peste bubónica» y que no tardó en asolar toda Europa: las víctimas morían a los siete días de haberse infectado y la epidemia se propagaba inexorablemente sumiendo a la población en el pánico. Hubo millones de muertos y Europa tardó casi un siglo en recuperarse de los estragos. La peste puede curarse hoy con un simple tratamiento a base de antibióticos, pero hacia 1348, cuando azotaba todo el continente europeo, la población estaba indefensa.

En aquel entonces se pensaba (erróneamente) que las infecciones se trasmiten al respirar los efluvios nocivos de los enfermos y, por ello, se generalizó el uso de nebrinas u otros aromatizantes para combatir el hedor de los cadáveres y sus venenosas miasmas. El fuego era el principal desinfectante contra la pestilencia, de modo que en las calles ardían grandes hogueras cebadas con enebro, romero o incienso. Cualquier valiente que se aventurase a salir de casa jamás lo hacía sin llevar en la mano un perfumador con hierbas.

En 1365, un médico llamado Juan de Borgoña escribió esto en su famoso tratado *De epidemia*:

> Si el tiempo es frío o lluvioso debéis prender la fogata en vuestra cámara y si hay niebla o viento aspirad hierbas aromáticas por la mañana antes de salir de casa [...]. Luego, cuando vayáis a dormir, cerrad las ventanas y quemad ramas de enebro hasta que su fragante humo llene la habitación. Haced esto siempre que notéis la presencia de un hedor mefítico en el aire y [...] así os protegeréis contra la epidemia.

Los galenos de la época no disponían de una auténtica cura: sus preparados a base de hierbas y sus elixires apenas tenían efecto. Lo que sí lograban era adornar el caos de la época con una estampa pavorosa: vestían amplias batas negras y se cubrían la cara con unas máscaras provistas de un largo y estrambótico cono nasal que rellenaban con enebro y otras hierbas. Estos enormes picos protectores tal vez expliquen el origen de la voz inglesa *quack*, «graznido», para designar a los matasanos.

Como consecuencia de la peste, Europa perdió la mitad de su población y la mano de obra se convirtió en un bien escaso, lo cual provocó el alza de los salarios y, de ese modo, socavó el sistema feudal. Como bien cuenta Ian Gately en su libro *Drink* [la bebida], los campesinos emigraron en masa a las ciudades llevando consigo una sed que demandaba la producción de licores a gran escala. Esta incipiente economía de mercado dio pie a una nueva manera de entender el ocio que se tradujo en un espectacular florecimiento de bodegas, tabernas, fondas y otros locales públicos.

En cierto sentido podría decirse que la ginebra debe su nacimiento y desarrollo a la peste, pues los aguardientes (y el alcohol en su conjunto) nunca habrían logrado cobrar tanto auge en la cultura occidental sin la producción comercial de bebidas alcohólicas, la competencia del mercado libre y la apertura de nuevos establecimientos.

2
La jenever de los Países Bajos

La mejor brújula para un marinero
es un vaso rebosante de jenever.
PROVERBIO HOLANDÉS

Antes de que hubiese ginebra existió la jenever. Empezó a destilarse en las tierras que ahora ocupan Holanda y Bélgica, pero de ella poco o nada saben los actuales bebedores de ginebra. Jenever se pronuncia *yúniver* y significa, simplemente, «enebro» o «junípero». Los ingleses hicieron suya la palabra como *geneva* [yiníva] (sin relación con la ciudad suiza de Ginebra, *Geneva* en inglés) hasta que pasaron a la apócope *gin*. Pero llamar ginebra holandesa a la jenever, como a menudo ocurre, no sólo es un insulto a ambas bebidas, sino que es también notablemente incorrecto. De hecho, el parentesco entre la ginebra y la jenever no es muy estrecho: más que hermanas son primas bastante lejanas. Si la ginebra moderna es en lo fundamental un vodka saborizado, la jenever es algo mucho más potente: una bebida más próxima al whisky que a los nítidos aromas de la *gin* inglesa. Fue este licor con aires de whisky el que sedujo a los soldados británicos durante el sitio de Amberes. Y fue su versión adulterada y humilde la que arrasó Londres durante la Locura de la Ginebra del siglo XVIII.

Licores de enebro

La jenever tiene una larga historia en la región formada por los estuarios de los ríos Escalda, Mosa y Rin, área que hoy incluye territorios pertenecientes a Holanda, Bélgica, Luxemburgo, Alemania y Francia.

Hacia el año 1000 d. C., toda la zona estaba sometida a un régimen feudal dominado por el rey de turno, la nobleza y el clero, con unos cuantos hombres libres y muchos siervos que vivían en pequeños pueblos sin una administración centralizada. Los tres siglos siguientes fueron un periodo de profundos cambios caracterizados por la aparición de núcleos urbanos y de un gobierno central más definido. En 1369, Felipe el Audaz, duque de Borgoña, se casó con Margarita III, condesa de Flandes, dando inicio a la era del gobierno borgoñón de los Países Bajos, que concluyó cuando, en 1482, la región pasó a la órbita de los Habsburgo también por vía matrimonial.

Mientras estuvo en el poder, Felipe el Audaz intentó unificar los territorios que había adquirido. Ese espíritu comunitario se fue incrementando en años posteriores y sería espoleado por el creciente rechazo a la Casa de Austria. Durante los siglos XVI y XVII hubo una serie de rebeliones que acabarían por unir los Países Bajos tanto desde el punto de vista administrativo como en su gusto por la jenever.

No hay duda de que en la Edad Media las bayas de enebro destinadas a la elaboración de jenever eran fáciles de encontrar en las boticas europeas. La primera mención escrita en holandés a los tónicos aromatizados con enebro aparece en *Der naturen bloeme* [la flor de la naturaleza], obra escrita en 1269 por Jacob van Maerlant, el más célebre poeta flamenco de esa época. Este

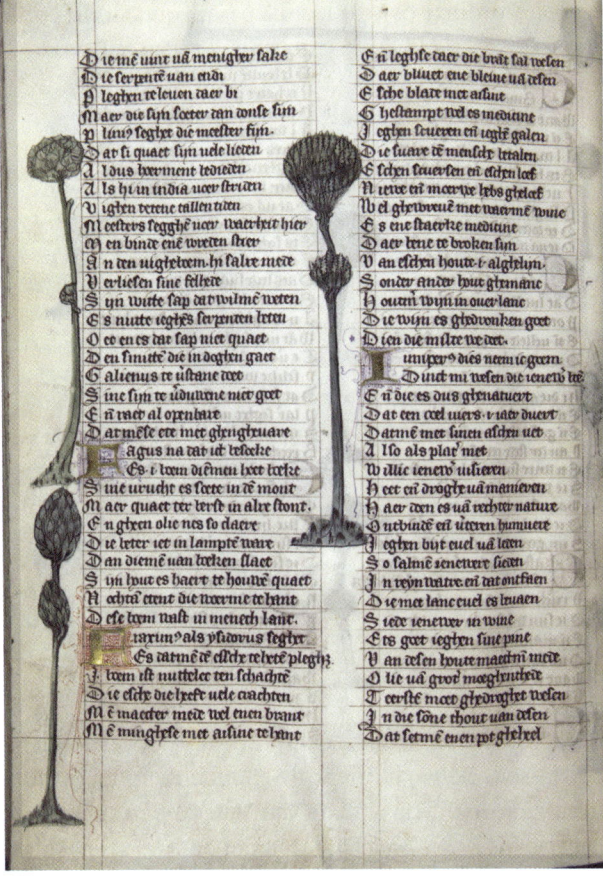

Página de *Der Naturen Bloeme* [la flor de la naturaleza; 1269].

tratado es una traducción libre de los doce volúmenes de *De natura rerum*, una historia natural publicada a mediados del siglo XIII por Tomás de Cantimpré. Aparte de los capítulos dedicados a «razas monstruosas» (cíclopes, pigmeos, etc.) y a bestias marinas (el «can marino» entre otras), Van Maerlant desveló algunos datos valiosos. En el capítulo 8, titulado «Gewone Bomene», [árboles ordinarios], se lee un pasaje que sirvió como punto de partida para la jenever en los Países Bajos:

> El enebro es un arbusto de hoja perenne.
>
> De carácter seco y cálido, la preparación del enebro es un proceso natural que libera y elimina los malos espíritus.
> Quien padezca dolores de tripa deberá hervir nebrinas en agua de lluvia.
> Quien padezca calambres podrá aliviar su dolor hirviendo nebrinas en vino.
> De este árbol extraemos un aceite enormemente útil.
> Secad la madera al aire y llenad con ella una olla hasta un tercio de su capacidad, luego llenad otra y colocadla encima y después una más.
> Tapad las ollas y ponedlas al fuego. El resultado será un aceite que se puede enfriar en una olla enterrada.
> Este aceite es bueno contra todo tipo de achaques, retortijones de tripa y dolores fatales. Se puede agregar a la comida.

El profesor y presidente del Nationaal Jenevermuseum de Hasselt, Bélgica, Eric van Schoonenberghe, estudia minuciosamente la obra de Van Maerlant en su libro *Jenever in de Lage Landen* [la ginebra en los Países Bajos; 1996]. Van Schoonenberghe señala que en el pasaje de arriba se describe el mismo método de destilación expuesto originalmente por Dioscórides en el siglo I de nuestra era. El término que usa Dioscórides *(distillatio per descensum)* alude al procedimiento por el cual el último recipiente se enfría bajo tierra. La obra de Van Maerlant muestra, pues, un notable conocimiento de las antiguas técnicas de destilación.

Cuando en 1349 se desató la Peste Negra en los Países Bajos, la nebrina era una panacea bien conocida, aunque sin duda poco eficaz. Más de un siglo después, en 1497, en los registros tributarios de Ámsterdam comenzó a aparecer una tasa para lo que se conocía como *brandewijn*, literalmente «vino quemado». Esto es importante porque el «vino quemado» (es decir, el brandi) se produce al destilar el vino y su impuesto implica un uso recreativo de la bebida. En Amberes se instauró un impuesto similar a partir de 1551.

Un manuscrito de finales del siglo XV con instrucciones para elaborar «vino quemado» también contiene una receta para destilar *aqua vitae*, lo cual sugiere que el brandi era ya entonces un elemento básico en la cocina y no sólo un medicamento. En este mismo texto aparece una receta que emplea algunos ingredientes de la ginebra moderna: nuez moscada, jengibre, galanga, granos del paraíso, pimientas, clavo, canela y cardamomo. La receta indica que sólo debe usarse vino como base, por lo cual constituye una de las primeras referencias históricas a un licor recreativo destilado con extractos vegetales.

En 1552, la ciudad de Amberes dio un paso más hacia la verdadera jenever. El libro de Philippus Hermanni *Een Constelijck Distilleer Boek* contiene la primera alusión a un licor con enebro para uso recreativo. Hermanni le atribuye el nombre de *jeneverbessenwater*, que significa «agua de nebrinas».

Por aquel entonces, sin embargo, las nebrinas se agregaban a una base de vino destilado y no a un aguardiente de cereal como en la jenever o la ginebra. La primera mención de los alcoholes derivados de cereales apareció décadas después en el libro de Casper Jansz *Guía para la destilación* (1582), donde se describe lo que él llama «brandi de grano» como algo con «un aroma y sabor casi idénticos a los del brandi hecho con vino [...]. No sólo se lo confunde con el brandi de vino, sino que además se bebe y se cobra como tal».

Licores de cereal

El uso de cereales en los destilados se produjo por varias razones. Hay cuadros de Pieter Brueghel el Viejo (hacia 1525-1569) que reflejan el gélido clima que reinaba en el norte de Europa a principios del periodo conocido como Pequeña Edad de Hielo: *Cazadores en la nieve*, *Paisaje de invierno con trampa para pájaros*... En esa época, los inviernos eran largos y severos y los meses de primavera y verano más fríos de lo normal. Este clima dificultaba el cultivo de uvas, pero el centeno, la cebada y otros cereales resistentes se podían cosechar y almacenar con menos dificultad. Los frecuentes bloqueos comerciales de España o Italia hacían que el vino importado de esos países fuera difícil de conseguir y, cuando se conseguía, siempre a precios astronómicos. Por tanto no es de extrañar que el ciudadano común recurriera al centeno y la cebada para elaborar hidromiel, cerveza o brandi.

El brandi de cereal fue sumamente popular en el sur de los Países Bajos. Como consecuencia de ello, el archiduque Alberto de Habsburgo, gobernador del territorio, promulgó en 1601 un edicto que prohibía la producción y venta de brandi, tal vez porque consideraba que el grano encontraría mejor uso en el pan que en los destilados. Como en toda prohibición, las leyes no fueron completamente acatadas. De hecho, los destiladores

La jenever de los Países Bajos

Postal de Bols (hacia 1915) donde se indica que la empresa fue fundada en 1575.

Botellas de cerámica (1890-1935). Éste era el embotellado habitual antes de que se impusiera el vidrio.

flamencos comenzaron a emigrar a otras partes de Europa (muchos ya habían huido en 1568 al iniciarse la Guerra de Flandes) y llevaron consigo sus conocimientos, de manera que entre los siglos XVI y XVIII se fundaron cientos de destilerías en lo que ahora son Francia, Holanda y Alemania.

Durante esta época, la Compañía Holandesa de las Indias Orientales (Vereenigde Oost-Indische Compagnie o VOC) irrumpió en escena transformando el comercio mundial. Los holandeses se habían ganado fama de viajeros expertos que, gracias a sus viajes, adquirían y divulgaban multitud de conocimientos. También eran soberbios negociantes, y a finales del siglo XVI no les faltaban incentivos para navegar por el mundo. Aunque controlaban las rutas comerciales en el Mar del Norte y el Báltico, aún no tenían acceso a las rutas asiáticas de las especias que llenaban las arcas de los portugueses.

Copas especiales para jenever (1920-1940). Ese licor es indisociable de la cultura holandesa.

Los holandeses sentían poco respeto hacia los portugueses porque su negligencia mercantil provocaba que el precio de especias como la pimienta (cuyo consumo era muy estable) se disparase cuando la oferta no podía satisfacer la demanda. Además, los portugueses compartían rey con la España católica, que libraba una guerra contra los Países Bajos protestantes. Portugal era así un objetivo militar muy tentador. Incitados por estos factores, los Estados Generales de los Países Bajos otorgaron a la VOC un monopolio de veintiún años sobre Asia y crearon así la primera compañía multinacional. Mientras optimizaba el monopolio sobre el comercio entre Japón y el Cabo de Buena Esperanza (que muy apropiadamente alimentaba la sed de jenever), la VOC diseminó por el mundo a sus treinta mil empleados, quienes llevaron consigo aquel aguardiente aromatizado.

Hacia el año 1730, la jenever que viajaba en los barcos contenía una hierba llamada coclearia o cuchareta que empleaban los marineros para prevenir el escorbuto, entonces una enfermedad mortal. Además, a partir de 1742 la Cámara de Ámsterdam de la VOC ordenó que la jenever reemplazase al *korenbrandewijn*, que se bebía desde el siglo XVII, porque se pensaba que las nebrinas eran buenas para la salud. Aún en el año 1863 podemos encontrar una directiva médica que considera las dosis de jenever un «fármaco muy efectivo».

Allá donde fuese la VOC iba siembre un contingente de tropas holandesas que protegían las colonias y preservaban la paz. En *Fugitive Dreams: An Anthology of Dutch Colonial Literature* [sueños fugitivos: antología de la literatura holandesa colonial; 1998] hallamos pasajes que muestran la constante presencia de la jenever en el ejército al menos hasta el siglo XIX:

El consumo de alcohol estaba oficialmente aprobado por las autoridades militares holandesas. También por los ingleses, aunque los holandeses eran mucho más generosos con sus raciones. Los reclutas recibían una porción de jenever, o ginebra holandesa, en cuanto se alojaban en el cuartel de Hardewijk. También se suministraba licor a los soldados en alta mar.

Una orden emitida en 1864 estipula que los barcos fletados debían distribuir la ginebra de la siguiente manera: «Para suboficiales o soldados europeos, africanos y amboneses, y para las mujeres europeas: 0,075 *kans* de jenever por la mañana, 0,075 *kans* de jenever por la tarde y 0,075 *kans* de jenever por la noche». Un *kan* equivalía aproximadamente a un litro, de modo que esta dosis suponía un cuarto de taza tres veces al día.

Durante la década de 1880, en la región de Aceh, un sargento u otro suboficial recorría las formaciones de soldados distribuyendo ginebra con una botella cuadrada y verde. Cada soldado debía bebérsela de un trago y pasarle el vaso al hombre siguiente.

Fugitive Dreams también consigna la creativa variedad de nombres que se acuñaron para la jenever. Entre ellos podemos destacar *oorlam*, que procede de la expresión malaya «persona que llegó hace mucho», «sopa de papagayo» *(papegaaiensoep)*, «cabeza gorda» *(dikkop)*, «agua saltarina» *(huppelwater)*, «agua de mar» *(zeewater)*, «arriba y abajo» *(recht op en neer)* o «sorbo de sopa de guisantes» *(hap snert)*.

Otro pasaje da a entender que quizá los holandeses se tomaban demasiado en serio su compromiso con la jenever:

> Para los indonesios, *borracho (mabok)* se convirtió en sinónimo de *holandés*. Una mujer nativa tenía suerte

si lograba encontrar a un europeo que no estuviera *mabok* cuando se hallaba fuera de servicio o que no amara a la «bruta cuadrada» (*vierkante lummel*, la botella de jenever) por encima de todas las cosas.

La VOC importaba especias a Holanda y expandía la jenever por el mundo hasta llegar a Asia y África occidental. Cuando la compañía finalmente cayó en bancarrota y echó el cierre en 1799, los empresarios holandeses tomaron el relevo y siguieron suministrando jenever a las colonias holandesas, Gran Bretaña, Francia y América.

El mito del doctor Sylvius

El siglo XVII fue la época dorada de los Países Bajos. Mientras la VOC se dedicaba a colonizar remotos rincones del planeta, artistas como Rembrandt trabajaban en Ámsterdam. Junto con el arte y el comercio, la medicina también experimentó grandes avances. En ese contexto surge la figura del médico Franciscus Sylvius, que en la Universidad de Leiden elaboró tónicos con enebro entre 1658 y 1672. Algunos afirman (erróneamente) que este buen doctor es el «padre de la ginebra holandesa». Aunque es cierto que recetaba jenever como tratamiento para problemas renales y para las fiebres tropicales que hacían estragos entre los colonos holandeses en las Indias, Sylvius no fue un auténtico inventor. Como muchos relatos y ensayos sostienen lo contrario, vale la pena detenerse y arrojar luz sobre el mito.

En el National Jenevermuseum de Hasselt, Bélgica, se establece de manera inequívoca que la jenever fue creada en las tierras bajas de Flandes durante el siglo XIII.

El libro *Jenever in de Lange Landen*, de Eric van Schoonenberghe, corrobora esta afirmación. Allí se examina cuidadosamente el mito de Sylvius y se explica que las fechas no cuadran. El archivista de Bols, la primera y mayor productora holandesa de jenever, coincidió con las conclusiones de Van Schoonenberghe en una conferencia pronunciada en 1992.

El brandi de grano *(korenbrandewijn)* se etiquetaba y gravaba como tal desde 1608 (Sylvius nació en 1614). Ese brandi era, por supuesto, un aguardiente de cereal que sólo requería el añadido de las nebrinas para transformarlo en jenever. (Cabe recordar que Hermanni ya había mencionado el brandi con enebro en su libro *Een Constelijck Distilleer Boek*.) Antes de impartir clases en Leiden, Sylvius ejerció como médico y trató casos de peste entre 1655 y 1656, de modo que seguramente usó elixires con enebro. Esos elixires, sin embargo, se utilizaban desde antes del brote de Peste Negra que se dio en el siglo XIV. Durante los catorce años en que Sylvius fue profesor en Leiden, ninguno de sus textos contiene menciones a la jenever y sólo en una ocasión se alude a él como experto en destilaciones.

Muchas más pruebas demuestran que las bases de la jenever ya estaban puestas antes de que naciera Sylvius. En 1609 se publicó un libro de cocina inglesa con el recargado título de *Delightes for ladies: to adorn their persons, tables, closets, and distillatories with beauties, banquets, perfumes, and waters* [deleite para damas: cómo adornar mesas, aparadores, destilerías y sus propias personas con ornamentos, manjares, perfumes y aguas]. Su autor, sir Hugh Platt, describe los «licores de especias». Para obtener esas bebidas debe «destilarse a fuego lento el agua dulce y fuerte donde antes habéis vertido aceite de clavo, macis, nuez moscada, nebrinas, romero, etc.». Casi se lee como una fórmula

El doctor Franciscus Sylvius (1659). Grabado de Cornelius van Dalen. A este médico se le atribuye erróneamente la invención de la jenever.

para la ginebra de hoy. En esa misma época, por otro lado, el conde de Moret, hijo de Enrique IV de Francia, ya había perfeccionado la elaboración de vino con enebro.

La primera referencia impresa a la jenever como bebida recreativa es de 1623, cuando Sylvius tenía sólo nueve años, lo cual supone que la bebida ya existía durante su infancia. En la primera escena del primer acto de *El duque de Milán*, una tragedia escrita por Philip Massinger, un personaje llamado Graccho habla del *geneva spirit*; es decir, menciona un licor de nebrinas. Cabe añadir que Massinger era inglés: en esa época, Londres era el refugio de seis mil flamencos protestantes que habían huido de Amberes en 1570 llevando con ellos su gusto por la jenever, el *geneva spirit*.

La jenever evoluciona

El consumo de jenever tardó algún tiempo en generalizarse dentro de los Países Bajos. Las subvenciones del gobierno, la abundancia de cereales y la demanda pública eran factores que condicionaban su producción. En la región de la actual Bélgica, la jenever languideció tras el edicto promulgado por el archiduque Alberto en 1601, orden que empujó al exilio a muchos destiladores flamencos. Hasselt, que hasta 1795 perteneció al principado episcopal de Lieja, fue la única ciudad que eludió el edicto y continuó elaborando jenever. De hecho, la producción se disparó entre 1675 y 1681 cuando la ciudad fue ocupada por las tropas holandesas. Hoy en día, y debido a esta influencia holandesa, la jenever de Hasselt tiene sabores más variados que cualquier otra del país.

Durante el dominio austriaco (1713-1794) se fomentó de nuevo la elaboración de brandi de cereales en el sur, pero no tanto por el aguardiente mismo como por el *draf*, el residuo de cascarillas que queda en el alambique tras la primera destilación. Este *draf* se usaba para engordar ganado. El brandi resultante también se llamaba jenever, aunque no con mucha precisión porque no estaba aromatizado con nebrinas. Aun así, todavía hoy existen jenever*s* flamencas que no contienen enebro.

Durante el siglo XIX, la producción de jenever prosperó gracias a la Revolución Industrial y a un francés

Destilería Bols de Ámsterdam. El *lootsje* [pequeño cobertizo] fue reemplazado por estos grandes edificios de piedra en 1652, pero el término se conservó.

llamado Jean-Baptiste Cellier Blumenthal. En 1813, Cellier Blumenthal, buen amigo del rey Leopoldo I de Bélgica, patentó la columna de destilación continua. El rey Leopoldo tenía extensas granjas de remolacha azucarera, de modo que hacia finales de siglo se empleaba esa raíz para destilar alcohol neutro con el invento de Cellier Blumenthal. El resultado fue un producto de baja calidad que había perdido el agradable sabor de los cereales.

Los destiladores tradicionales no tardaron en contraatacar especificando en las etiquetas que su jenever se había elaborado a partir de cereales de acuerdo con el *vieux système*, el viejo sistema. Por desgracia, muchos destiladores rurales se vieron forzados a abandonar el negocio por culpa de los impuestos y la competencia de las destilerías industriales a gran escala. La producción en masa acabaría con la jenever belga.

En contraste absoluto con la problemática industria de Bélgica, la cultura de la jenever en los Países Bajos

El director de Bols posa frente a los alambiques (hacia 1904).

floreció sin trabas. Por ejemplo, en 1700 sólo había 37 destilerías en la región de Schiedam. En 1800 había 250.

De todas las empresas holandesas productoras de jenever, la Bols es no sólo la más antigua, sino también la más poderosa. La familia flamenca Bols, que originalmente se llamaba Bulsius, huyó de la persecución religiosa y se estableció en Colonia justo cuando la comunidad protestante flamenca empezaba a destilar brandi de grano. Armados con estos conocimientos, los Bols se trasladaron finalmente a Ámsterdam, donde fundaron una destilería en un almacén de leña. La llamaron *'t Lootsje*, «pequeño cobertizo». En 1664 se les concedió una licencia para producir licores y comenzaron a destilar jenever. No es casualidad que el diccionario *Van Dale*, algo así como el *Oxford English Dictionary* de Holanda, feche en 1672 el primer uso escrito de la palabra *genever* (con ge).

Cartel belga a favor de la templanza publicado por el Liberale Volkspartij [partido liberal del pueblo] hacia 1900. «La embriaguez causa miseria y muerte prematura. Ciudadanos de todas las clases: absteneos del licor.»

Parte del éxito de los Bols se debe a la Compañía Holandesa de las Indias Orientales. Los archivos de la VOC señalan que, de 1680 a 1719, Bols fue el proveedor exclusivo de «aguas finas» para el poderoso círculo interno constituido por los «diecisiete caballeros»

(*Heeren* XVII) que dirigían la empresa. Con este privilegio llegaron grandes oportunidades. Gracias a su elevada posición, Lucas Bols adquirió numerosas acciones de la compañía a partir de 1679. Esto, a su vez, le permitió acceder a las hierbas y especias que el comercio colonial llevaba a Ámsterdam. Es muy probable que esos exóticos ingredientes desempeñaran un importante papel en la receta de jenever que Bols introdujo en 1820.

La familia Bols abrió el camino a las siguientes generaciones de destiladores. DeKuyper se fundó en 1695 y comenzó a producir jenever en 1729. A lo largo del XIX centró su actividad en las exportaciones a Gran Bretaña y sus colonias. Empresas como Rutte hicieron lo mismo.

Tarjeta publicitaria de Louis Meeùs (hacia 1934).

Tanto en Holanda como en Bélgica, el consumo de jenever era gigantesco (como mínimo) durante el siglo XIX. La *Historia económica y social de los Países Bajos, 1800-1920* (2000), de Michael Wintle, señala que hacia 1830 se consumían unos 10 litros de alcohol al 50 % por cabeza. En Bélgica las cantidades eran similares, por lo que no es sorprendente que en ambos países surgieran después movimientos a favor de la templanza.

La jenever de esos países tendría serios problemas de imagen. En Bélgica llegó a ser conocida como «la bebida del miserable». En Holanda se convirtió en la bebida de los proletarios, a quienes el político liberal holandés Samuel van Houten (1837-1930) llamaba «las clases bebedoras de jenever». A pesar de los insultos, la jenever logró desprenderse de su mala reputación y salir indemne de esos ataques en los Países Bajos.

Durante los siglos XVIII y XIX se hizo bastante popular entre las clases altas de Inglaterra, que adoptaron el licor con entusiasmo. También llegó a América, donde se usó para coctelería hasta la Prohibición. Hoy en día, y a pesar de esos tropiezos, la jenever es la bebida nacional tanto en Holanda como en Bélgica. Más importante aún, la jenever puede jactarse de ser la ginebra original y de haber dado pie a una cultura coctelera que ha cambiado el mundo.

3
La ginebra en Gran Bretaña: la Locura de la Ginebra

Borracho por un penique,
como una cuba por dos,
paja limpia por nada.
LETRERO EN UNA TABERNA DEL SIGLO XVIII

Fue Robert Dudley, primer conde de Leicester, quien indirectamente introdujo la ginebra en Inglaterra. Dudley era un firme partidario de la causa protestante, hasta el punto de que, cuando los holandeses se rebelaron contra el dominio de la Casa de Austria en 1585, encabezó la expedición militar inglesa a los Países Bajos. Mientras el conde disfrutaba con las mieles de su elevado puesto, sus soldados se enfrentaban a las fuerzas armadas españolas, uno de los ejércitos más preparados y temibles de Europa. No es sorprendente, pues, que las deserciones fueran cuantiosas. Está claro que Dudley falló como comandante militar, pero para nuestra historia es todo un héroe: sus hombres regresaron a Inglaterra enamorados de la jenever. Algo similar ocurrió cuando las tropas regresaron de la Guerra de los Treinta Años (1618-1648). En este caso, sin embargo, en vez de desertar, las tropas optaron por un trago de jenever

Escarnio de la ginebra (hacia 1770). Grabado de E. Heemskerck. Parte de una serie satírica, esta estampa fustiga a los vendedores de ginebra y presenta a los consumidores como «animales».

antes de la batalla. Así obtuvo nuestro licor el sobrenombre de «coraje holandés».

En tiempos de Dudley, los destiladores ingleses comenzaban a experimentar con el enebro como saborizante para licores. Hacia 1570 aparecieron unas «casas del aguardiente» especializadas en varios tipos de *aqua vitae* con distintos sabores (los anisados eran bastante populares). Esos locales eran los antepasados inmediatos de las tabernas y «palacios de la ginebra» que proliferaron en los dos siglos siguientes.

Hacia el año 1600 había doscientas de estas «casas» destilando en Londres. En 1638, la Worshipful Company of Distillers, uno de los muchos gremios londinenses, recibió por una cédula real el encargo de regular la producción de aguardientes. Cinco años después, la Cámara de los Lores decidió que el licor era una buena fuente de ingresos y fijó un impuesto de ocho peniques por galón (4,54 litros), fuese el alcohol importado o destilado en Inglaterra.

Escudo de armas de la Worshipful Company of Distillers, un gremio londinense que regulaba la producción de licor.

Las carga tributaria no frenó la producción, aunque es probable que la imagen pública del *aqua vitae* se viera afectada por percepciones contradictorias. Por un lado, la gente bebía hasta el colapso porque la graduación de esos aguardientes era mucho mayor que la de la habitual cerveza. Por otro, los tónicos medicinales seguían muy en boga. En el segundo volumen del *Art of Distillation*, el «físico» John French describe un «agua excelente contra las piedras del riñón» que se preparaba con nebrinas molidas, trementina de Venecia y agua de manantial.

Es probable que esta receta, o una similar, sea la que se menciona como remedio curativo en el *Diario de Samuel Pepys*. El 10 de octubre de 1663, Pepys se queja de que se encontraba «de pie y no del todo recuperado, pero con dificultad al orinar». Se le aconsejó que tomara «aguardiente al enebro», bebida que curó su dolencia.

John French, xilografía perteneciente a *The Art of Distillation* (1653).

A finales del siglo XVII, los licores tuvieron que hacer frente a la competencia de varias bebidas calientes importadas. El primer café de Londres abrió sus puertas en 1650 y fue seguido por la primera chocolatería en 1657. También por esa época se comenzó a servir té en los cafés, pero la demanda de licores de todo tipo seguía siendo alta: la jenever holandesa y el brandi francés eran las bebidas predilectas de los ricos, mientras que la plebe bebía ginebra barata, que por entonces se producía en grandes e incontrolables cantidades.

En un artículo titulado «La naturalización de la cerveza y la ginebra en la Inglaterra de la Edad Moderna» (1997), Jessica Warner señala los tres factores necesarios para que esa ginebra deletérea (muy alejada de la verdadera jenever) fuese adoptada por los trabajadores pobres. Primero, tenía que ser barata, mucho más que la cerveza, la bebida nacional. Segundo, debía ofrecer alguna «particularidad en sabor o potencia». Por *sabor* se entiende aquí «sabor novedoso» dado que la dieta de los pobres era deplorable (carne podrida, verduras rancias y pan blanqueado con alumbre o tiza). Además, las clases inferiores intentaban emular a los más afortunados, que bebían jenever fina. El último factor, y el crucial, era que la ginebra debía elaborarse localmente, lo cual aseguraría costos de producción más bajos y una disponibilidad ininterrumpida.

Todos estos factores confluyeron en 1688. Fue el año de la «revolución gloriosa» en la que Guillermo III, nacido en los Países Bajos, derrocó a su suegro el rey Jacobo II (un católico bebedor de brandi que simpatizaba con los franceses) y subió al trono acompañado por su esposa María. El legado de Guillermo tuvo gran alcance, pero en lo que concierne a nuestro líquido sólo un dato importa: era un holandés protestante que bebía ginebra.

La Locura de la Ginebra

Ruina azul, deleite de las damas, consuelo del cornudo. No faltaban apodos para la droga más popular del siglo XVIII. Nunca antes una bebida había hipnotizado a Inglaterra de tal modo y Londres nunca volvería a estar tan continuamente borracha como lo estuvo entre 1720 y 1751. En efecto, entre 1684 y 1710, la producción de cerveza bajó un 12 %, y la de cerveza fuerte un 22,5 %, pero la producción de ginebra se incrementó en un 400 %.

Algunos estudiosos han comparado la Locura de la Ginebra, como se conoce ese fenómeno, con la epidemia de *crack* en Estados Unidos durante los ochenta. Los dos hechos tienen puntos comunes en lo que respecta al tejido social de la adicción, que en ambos casos se produjo sobre todo entre los pobres de áreas urbanas. Sin embargo, como señala Jessica Warner, la Locura de la Ginebra se distingue por haber creado «el primer gran pánico colectivo sobre las drogas» y se puede usar como modelo para determinar las causas y soluciones de las adicciones colectivas.

Para comprender esta turbulencia debemos saber primero cómo era Londres en el siglo XVIII. Londres estaba en el umbral de la modernidad, pero aún no lo había traspasado. Grandes contingentes de inmigrantes llegaban desde el campo e incrementaban su diversidad humana, pero al mismo tiempo agravaban el problema del hacinamiento y alimentaban la xenofobia. La gran demanda de mano de obra significaba sueldos más altos: a pesar de su humilde condición, los pobres tenían cierta renta disponible (como en la Edad Media) y ganas de gastarla. Además, en Londres se empezaba a distinguir con claridad entre las zonas industriales y las residenciales. La expansión urbana dificultaba la seguridad pública: los agentes de la ley eran voluntarios y la oficina de impuestos era la única entidad administrativa medianamente estructurada. Además, la abismal desigualdad entre las clases sociales hacía poco para atenuar los conflictos: los ricos vivían cómodamente instalados en un lujo ostentoso y los pobres sobrevivían condenados a una existencia miserable.

A estas alturas conviene advertir que muchos historiadores contemporáneos niegan o matizan esta supuesta «locura». Cierto, los pobres trasegaban cantidades épicas de alcohol, pero los ingleses siempre fueron grandes aficionados a la bebida. A pesar de su novedad, la ginebra como tal no era culpable. Lo que llevaba al consumo desorbitado eran, más bien, los efectos físicos y sicológicos de la pobreza. La ginebra estaba al alcance de cualquiera y era muy barata: los pobres buscaban consuelo donde podían.

En cuanto al rey Guillermo, él nunca tuvo intención de convertir a sus súbditos en dipsómanos. Contumaz enemigo de Francia, sólo intentaba privar de fondos a la maquinaria bélica francesa y buscar fuentes de ingresos para sus propias campañas.

El Parlamento, compuesto por terratenientes adinerados, tenía su propia agenda: hallar un destino para el excedente de cereales que sus tierras producían. De ahí que en 1689 se prohibiera la importación de licores franceses. Posteriormente, en 1690, la Distilling Act anuló el monopolio de los destiladores sobre la producción, subió la tasa para las bebidas nacionales y permitió que cualquier individuo las produjera. Finalmente, en 1720, la Mutiny Act ofreció a los ingleses una propuesta muy tentadora: los ciudadanos que elaboraban licores no estaban obligados a alojar tropas en sus casas. Era una oferta muy apetitosa y parece obvio que estos factores fomentaron la elaboración local de ginebra. Las fechas y cifras exactas varían un poco según las fuentes, pero la cronología del aumento en la producción y el consumo de ginebra es a grandes rasgos como sigue:

> Hacia 1690: Inglaterra produce aproximadamente medio millón de galones imperiales de ginebra al año, casi dos millones de litros.

> 1694: Sube la tasa de la cerveza y se abarata el consumo de ginebra.

> 1720: La Mutiny Act genera un exceso de «destiladores».

> Hacia 1730: El número de *gin shops* pasa de siete mil. Uno de cada tres pubs vende ginebra.

> Hacia 1733: Londres produce once millones de galones de ginebra legal, cantidad que equivale a catorce galones per cápita al año.

Téngase en cuenta que Londres tenía unos 600 000 habitantes a principios del siglo XVIII. Es fácil comprender por qué uno de cada cuatro vecinos (y eso incluye a casi todos los pobres) vivía en un estado de confusión y aturdimiento alcohólico.

A las clases altas no les hacía mucha gracia la chusma desinhibida. La publicidad había exaltado la jenever holandesa, una bebida digna de reyes, y había ofrecido una versión plebeya a las clases populares, que así gozaban con su nueva igualdad. Hombres y mujeres bebían juntos en los tugurios y éstas regentaban a veces los locales. A diferencia de la cerveza, bebida que daban sustento y energía para el trabajo, el nuevo aguardiente inglés no aportaba beneficio corporal alguno, a menos que uno considerare como tal el dichoso estupor causado por la embriaguez. Ese espectáculo bastaba para que cualquier aristócrata honorable temblara al ver cómo el orden social se desmoronaba ante sus ojos.

En cierto modo, los ricos eran culpables de esta enajenación colectiva. Como comenta Daniel Defoe en *A Brief Case of the Distillers* [breve defensa de los destiladores; 1726]: «Me parece que [los pobres] han hecho [...] todo lo que sus superiores les ponían como ejemplo». Guillermo era también en parte responsable, pues al liquidar el monopolio de los destiladores permitió que cualquier persona (con o sin escrúpulos) elaborase ginebra.

No menos problemática era la calidad del licor mismo. La complejidad maltosa de la jenever era a todas luces inasequible para los destiladores locales. En vez de recurrir a las técnicas holandesas usaban granos de baja calidad para elaborar alcoholes neutros que luego diluían con trementina, aceite de vitriolo (ácido sulfúrico) y alumbre. Luego, para neutralizar el mal sabor, se le agregaba azúcar, agua de limón y agua de rosas.

Con un contenido alcohólico de 91 grados, este potente brebaje era obscenamente etílico comparado con la media de 45 que tiene la ginebra hoy en día. Un chupito de 91 grados no era mortal, pero, desgraciadamente, los aficionados a la ginebra no la bebían a sorbos ni con agua tónica: en muchos casos ingerían más de medio litro diario de un licor cuya calidad era similar a la del peor aguardiente casero. Las jarras de cerveza habían sido reemplazadas por las jarras de ginebra.

En el siglo XVIII, además, la estatura de la gente era inferior a la actual: los hombres medían unos 168 centímetros como media y las mujeres 155. Su dieta, por otro lado, era demasiado pobre para compensar el consumo de alcohol. La alta graduación, las deficiencias alimentarias y los bajos índices de masa corporal formaban la combinación perfecta para el desastre.

El problema no era la ebriedad en sí misma. Durante los siglos XVII y XVIII, la embriaguez no estaba tan estigmatizada como en la actualidad. De hecho, las clases altas solían empinar el codo sin recato alguno. En *A Foreign View of England in the Reigns of George I and George II* [visión foránea de Inglaterra en los reinados de Jorge I y Jorge II; 1902], el autor francés César de Saussure afirma que la reina Ana, que accedió al trono en 1702 tras la muerte de Guillermo, «recibió el mote de Boutique d'Eau-de-Vie [bodega de aguardiente] debido a su bien conocido gusto por la botella y las bebidas espirituosas».

Si los ricos bebían por placer, los pobres bebían para olvidar su sórdida existencia y la embriaguez los empujaba a cometer graves fechorías. Las transcripciones de la audiencia penal londinense, el Old Bailey, mencionan a menudo la temible intoxicación con ginebra. En esos informes se pueden hallar referencias a la manera como los delincuentes «frecuentaban las tiendas de *geneva*» o «habían bebido *geneva* en demasía» o habían pedido «un cuarto de ginebra». El eslogan tabernario del siglo XVIII, «borracho por un penique, como una cuba por dos, paja limpia por nada», muestra el entusiasmo de las masas por la bebida y la avidez con que los proveedores la suministraban.

Más aún: se observaba que muchos de los delitos ocurrían o se iniciaban en tabernas, lo cual reforzaba la creencia popular de que la ginebra engendraba la maldad. En el auto judicial que recoge las confesiones y últimas palabras de un condenado, se dice esto de Benjamin Loveday, un joven de diecisiete años:

> Era un incesante bebedor de *geneva* y en las tabernas se rodeaba de la peor calaña, prostitutas, ladrones, etc., que, carentes de buen consejo, sólo supieron darle lo malo dejándolo en la ruina y la abyección total. Él mismo reconocía que era un joven corrupto, vicioso y depravado.

A Loveday se lo acusó de extorsión, pero él defendió su inocencia pese a admitir sus etílicas costumbres. Fue declarado culpable y ejecutado el 9 de octubre de 1732.

En el infame caso de Judith Defour, la acusada admitió libremente su culpa y, al hacerlo, expuso con elocuencia (al menos a ojos de los puritanos reformadores) cómo la ginebra destruía al sexo débil y sacrificaba a los niños de la nación. El 27 de febrero de 1734, Defour fue incriminada por el asesinato de su hija Mary, a quien había estrangulado para luego arrojar su cadáver desnudo en una zanja. Cuando presentó las pruebas, John Wolveridge aseguró que Defour había confesado el crimen del siguiente modo:

> La noche del sábado llevamos a la niña al campo, la desnudamos y le atamos un pañuelo de lino alrededor del pescuezo para sofocar su llanto, hecho lo cual la dejamos en una zanja. Después de eso fuimos juntos a vender su abrigo y corsé por un chelín y las enaguas y las calcetas por cuatro peniques. Nos repartimos las ganancias y nos fuimos a tomar un cuarto de ginebra.

Así pues, mientras la fiebre de la ginebra azotaba los oscuros callejones y los arrabales de la ciudad, la clase dominante sentía una necesidad irreprimible, casi patológica, de mantener intacto su mundo semifeudal. Ni el gobierno ni los ricos estaban a favor de la abstinencia; bien al contrario: favorecían el control estatal de los licores y, por lo tanto, de las masas.

A la mortal memoria de madame Geneva. Grabado de 1736. Muchos artistas se burlaron ácidamente de las leyes que intentaban regular la producción de ginebra durante la primera mitad del siglo XVIII.

De 1729 a 1751, el Parlamento promulgó ocho leyes que gravaban el comercio de ginebra, imponían tasas a las licencias de los taberneros y ofrecían recompensas a los informantes. La más notoria de estas leyes fue la de 1736. Fue impulsada en el Parlamento por sir Joseph

Jekyll, cuyo aborrecimiento de la embriaguez lo empujó a una incansable campaña reformadora. La disposición elevaba el precio de la licencia para vender ginebra a unas astronómicas cincuenta libras, fijaba nuevas multas para los licores caseros y asignaba cinco libras a los informantes. No obstante, sir Robert Walpole se opuso a la nueva ley sosteniendo que haría más daño que bien.

El día antes de que la ley entrara en vigor, las muchedumbres gastaron sus últimos peniques en ginebra. El 29 de septiembre de 1736, día en que la norma ya estaba vigente, se vendían copias de una estampa titulada *La comitiva fúnebre de madame Geneva*. Bajo el grabado, un poema reflejaba el lamento de todos:

La lamentable caída de madame Geneva. Grabado de 1736.

> Adiós al buen trago que el ánimo levanta.
> ¡Oh, licor barato, que alivias sinsabores:
> si con medio penique apagas los dolores,
> con uno entero a dos o tres bien satisfaces,
> y con la jarra llena a todos nos complaces!

Además de los «funerales» y las tabernas con crespones negros, hubo baladas de duelo e incluso tragicomedias funerarias. Una de estas piezas se titula *Deposición y muerte de la reina Ginebra* y fue escrita por un tal «Juniper Jack, aprendiz de destilador convertido en poeta». En ella, la reina Ginebra declama: «El día, amigos, el fatídico día ha llegado». La multitud responde: «Libertad, propiedad y ginebra sin parar».

Entre las protestas, cómicas y trágicas por igual, las advertencias de Walpole resultaron correctas: la ley era inaplicable y sólo servía para fomentar el crimen. Tras un leve descenso en el consumo de ginebra, las ventas ilícitas de «brandi parlamentario» aumentaron cuando los destiladores comenzaron a vender su producto bajo nombres como Make Shift [sucedáneo] o Colic Waters [aguas cólicas]. Incluso los farmacéuticos embotellaron esas bebidas en frascos para medicinas.

La ginebra comenzó a llamarse old tom durante esa época. El mote puede atribuirse a un tal Captain Dudley Bradstreet, un industrioso delator convertido en bodeguero ilegal. Viendo muchas posibilidades en la ginebra pirata, Bradstreet abrió su propio local y lo adornó con un letrero que llevaba la imagen de un gato viejo (un old tom). Debajo del letrero había una ranura donde se introducían las monedas correspondientes a una dosis de ginebra que luego se dispensaba por un tubito. Los ávidos consumidores susurraban «minino» y el vendedor respondía con un maullido para confirmar que había líquido disponible. Podría decirse que Bradstreet creó el primer *speakeasy*,* y esta práctica se extendió por todo Londres.

En 1737, una nueva ley elevó la recompensa de los soplones, lo cual tuvo como consecuencia que la gente los vapuleara por las calles si eran descubiertos. Una disposición de 1738 penalizó las palizas a los delatores. Entre 1743 y 1747, Inglaterra se vio inmersa en la Guerra de Sucesión Austriaca y el Parlamento arremetió de nuevo contra la ginebra, esta vez no por razones morales, sino para recaudar fondos destinados a la contienda.

En 1750, el número de vendedores autorizados se acercaba a los 29 000. Los reformadores seguían culpando a la ginebra de todos los males, desde la pobreza misma al envilecimiento de los trabajadores pasando por la promiscuidad y la sífilis. Una de las imputaciones más clamorosas era el vínculo nunca corroborado entre el consumo de ginebra y los muchos casos de infanticidio. Lo cierto es que estas muertes podían igualmente achacarse (y sin duda con más fundamento) a las deplorables condiciones materiales y sanitarias en que vivían los pobres. Pese a la falta de pruebas tangibles, el obispo de Worcester Isaac Maddox llegó incluso a sugerir que la ginebra estaba matando a los bebés de Inglaterra y, por tanto, a sus futuros obreros y soldados.

Maddox estaba en connivencia con Henry Fielding, autor de *Tom Jones*, que además era magistrado y presidía el Tribunal de Westminster. En *An Enquiry into the Causes of the Late Increase of Robbers* [indagación sobre las causas del reciente incremento de los robos; 1751], Fielding culpaba a «ese veneno llamado ginebra» del aumento de la delincuencia y afirmaba que era

---

* Literalmente «hablabajo»; nombre dado a los bares clandestinos durante la Ley Seca estadounidense. *(N. del T.)*

el principal sustento (por decir algo) de más de cien mil personas en la metrópoli. Muchos de estos desdichados tragan a diario pintas enteras de ese veneno, cuyo inmundo efecto tengo la desgracia de ver y oler cada día.

Y terminaba con una rotunda conclusión: «Si el consumo de esta ponzoña continúa al ritmo actual, dentro de veinte años quedará poca gente para beberla». Las alarmas del juez Fielding se vieron acreditadas por la expansión de la ginebra a las provincias, lo cual indicaba que la epidemia londinense no tardaría en convertirse en un problema nacional.

Calle de la cerveza (1751). Grabado de William Hogarth.

Otro cruzado, el pintor William Hogarth, se había unido al ataque con dos grabados satíricos sólo un mes antes de que su amigo Fielding publicara la *Enquiry*. Los grabados de Hogarth *Gin Lane* y *Beer Street* son un vívido ejemplo de cómo eran vistas la ginebra y la cerveza. *Beer Street* celebra el bullicio de unos saludables y festivos ciudadanos que trasiegan sin parar jarras de cerveza. Sobre esta escena, Hogarth subraya que «todo es alegría y bienestar. La industria y la jovialidad se dan la mano».

Callejón de la ginebra (1751). Grabado de William Hogarth.

En sombrío contraste, *Gin Lane* representa a una madre ebria y sifilítica que deja caer a su hijo por unas escaleras rodeada por unos individuos mustios y esqueléticos que buscan un imposible consuelo en la ginebra. Hogarth resume el mensaje de la ilustración del siguiente modo: «Aquí sólo vemos la indolencia, la pobreza, la miseria y la angustia que conducen a la locura y la muerte».

Un amigo de Hogarth, el reverendo James Townley compuso poemas para cada aguafuerte. En relación con *Beer Street*, describe la cerveza como «ese feliz producto de nuestra isla que briosa fuerza nos depara». El feroz poema que acompaña *Gin Lane* refleja bien las opiniones de aquellos severísimos reformadores:

> ¡Oh ginebra vil, líquido homicida
> que del género humano haces tu presa,
> buscas los labios con perfidia aviesa,
> pero tu beso nos quita la vida!

Estas combinaciones de imágenes y poesía expresaban unas preocupaciones ampliamente compartidas. En junio de 1751, la última ley contra la ginebra fue aprobada sin oposición. Las disposiciones anteriores estaban impregnadas de altivez aristocrática y oportunismo fiscal, pero la ley de 1751 explotó el miedo de la gente sugiriendo que, si se lograba eliminar la causa del delito (la ginebra), la delincuencia desaparecería. Las tasas sobre los licores subieron más de un 50 %, se prohibió a los destiladores suministrar aguardiente a locales sin licencia y se cerraron las pequeñas tabernas. La amada ginebra tenía los días contados.

Irónicamente, la ley llegó demasiado tarde. El

consumo de ginebra estaba en franco declive quizá porque ya no era tan novedoso, pero más probablemente porque los salarios cayeron en picado durante la segunda mitad del siglo. El ron, mientras tanto, se había ganado cierto renombre; de hecho, ya era la bebida preferida por los marinos británicos desde finales del siglo XVII. Además, la industria cervecera lanzó su contraataque con un producto llamado *porter*. Creada hacia 1722, la *porter* era una cerveza densa, agria y fuerte que requería una larga maduración, pero podía producirse en climas más calurosos que las cervezas claras. Adquirió ese nombre debido a su temprana popularidad entre los mozos de cuerda *(porters)* y otros trabajadores manuales londinenses.

La comitiva fúnebre de madame Geneva. Grabado que representa un funeral burlesco celebrado en St Giles, Londres, en 1751.

En 1756, una mala cosecha obligó al Parlamento a prohibir el uso de cereales ingleses en la destilación de alcoholes. Desde 1760 hasta el final del siglo, el gobierno continuó recaudando impuestos sobre los licores, medida que sólo sirvió para fomentar el contrabando. La ginebra había perdido su hegemonía, pero, con el amanecer de la Revolución Industrial, madame Geneva estaba destinada a caminar de nuevo por las calles de Londres.

4
El imperio, los nuevos locales y la london dry

La ginebra era su leche materna.
G. B. SHAW, *PIGMALIÓN*

Históricamente, las palabras *Bretaña* e *imperio* han sido sinónimas para los británicos. Según reza el dicho, hubo un tiempo en que el sol nunca se ponía en los dominios británicos. Con el imperio llegaron dos elementos clave para el consumo de ginebra: un ejército cuyos soldados buscaban alivio en el alcohol y una legión de expatriados que intentaban recuperar las costumbres dejadas atrás.

Gran Bretaña siempre había sido una potencia naval hambrienta de conquistas y descubrimientos. La Navy Royal se creó en el siglo XVI durante el reinado de Enrique VIII. Entre sus miembros, las nutritivas raciones de cerveza eran tanto hábito como necesidad, pues la labor de un marinero era brutalmente agotadora y monótona. El alcohol suavizaba las muchas asperezas del servicio a la patria.

En el siglo XVIII, la Navy Royal se convirtió en la Royal Navy [armada real], dejando de ser una organización semiprivada y convirtiéndose en una entidad controlada por el estado. Con este cambio llegó un nuevo cuerpo de oficiales estrictamente jerarquizado. Con ellos llegaron también los privilegios y una clara división social en el consumo de licores a bordo de las naves: los marineros bebían ron y los oficiales tenían derecho a beber ginebra.

Desde principios del siglo XVIII, los intendentes militares eran los encargados de las provisiones en los buques. Apenas había una supervisión centralizada, de modo que los barcos solían abastecerse con la ginebra del puerto local. Bristol y Liverpool, grandes bases navales, tenían sus propias variedades de ginebra, pero éstas se han perdido. En Londres, la destilería Gordon & Co., fundada en 1769 por Alexander Gordon, se hizo famosa entre los marineros (civiles y militares por igual), que se encargaron de llevarla a todos los rincones del mundo.

En el año 1850, la compañía Plymouth (radicada en la ciudad costera homónima) suministraba a la Royal Navy unos mil barriles al año de una ginebra especial con 57 grados de contenido alcohólico. El robusto licor de la flota fue concebido por muy buenos motivos. Originalmente, los aguardientes se almacenaban bajo llave en el polvorín para evitar la posibilidad de que la tripulación se emborrachara y tuviera acceso a los explosivos. Este doble almacenamiento, sin embargo, implicaba un serio riesgo: si el aguardiente tenía una graduación normal, las fugas podían empapar la pólvora y dejarla inservible. La ingeniosa creación de una ginebra con 57 grados permitía que las fugas no perjudicaran la pólvora porque el líquido contenía más alcohol que agua.

Uno de los rasgos positivos de la ginebra era que diluía el mal sabor de muchos fármacos. En 1824, el médico alemán J. G. Siegert creó el amargo de angostura como «remedio para toda queja causada por inactividad o astenia de los órganos digestivos, malaria, cólicos, diarreas y resfriados». En la Armada, sin embargo, se usaba principalmente como antídoto contra el mareo. La ginebra y los bíteres acabarían empleándose para disfrazar el acre sabor de los tónicos herbales.

Conocida como *gin pahit*, «ginebra amarga», en malayo, la ginebra mezclada con angostura recibiría el chispeante nombre de *pink gin* en la Malasia británica debido al tono rosáceo que le daba el bíter. El combinado aparece en los relatos de autores como Somerset Maugham o Graham Green convertido en símbolo del colonialismo británico. A finales del XIX, la «ginebra rosa» desembarcó en los bares y clubs de Londres. Hoy en día, la *pinkers*, afectuoso apodo por el cual aún se la conoce, sigue siendo una bebida emblemática de la cultura inglesa.

Otro serio problema en las embarcaciones era el escorbuto, grave enfermedad causada por la falta de vitamina C en la dieta de los marineros. Hacia 1614, John Woodall, oficial médico en la Compañía Británica de las Indias Orientales, recomendaba comer limas, limones y naranjas por sus efectos antiescorbúticos. No es sorprendente que, cuando se incluyeron cítricos en las raciones de los marineros (siendo un notable ejemplo la tripulación del almirante Edward Vernon, que bebía diariamente un trago de *grog*, ron diluido con agua y cítricos para esconder el mal sabor del agua), dejaran de aparecer los síntomas del escorbuto.

Había otras maneras de combatir el escorbuto, entre ellas la ingestión de vinagre y las dietas bajas en sal, pero el éxito de los cítricos en la prevención y tratamiento de la dolencia hizo que en 1747 el médico naval James Lind emprendiera el primer ensayo clínico sobre la eficacia de esas frutas. El Almirantazgo aprobó las recomendaciones médicas en 1795 y decidió suministrar

Anuncio de Gilbey's Gin, «la ginebra internacional» (1935). Obsérvese la tópica iconografía colonial. El eslogan dice: «El sol nunca se pone para Gilbey's Gin».

zumo de limón a las tripulaciones. Los limones serían después reemplazados por limas, pues éstas abundaban en las Indias Occidentales Británicas y Gran Bretaña estaba a menudo en guerra con los países que producían limones. El elevado consumo de limas en la Armada explica que se aplicara el epíteto *limeys* a los marinos británicos.

Botellas de Plymouth anteriores a la Prohibición (1900-1910) salvo una de los años setenta (la del tapón azul). Se decía que cuando los pies del monje estaban secos era hora de comprar una nueva botella. El logotipo cambió en 2006.

Las pócimas antes mencionadas son el preámbulo del gimlet, un combinado clásico que se preparaba mezclando aguardiente de nebrinas con un sirope de lima conocido como *cordial*, normalmente el de una marca concreta: el Rose's Lime Cordial. Es muy probable que los marineros ya hubieran combinado lima con ginebra, pero la bebida resultante en nada se parecía a un verdadero gimlet, cuyo acre sabor es único en el reino de la coctelería. Podría incluso decirse que el gimlet nunca habría existido sin el Rose's.

Patentado por Lauchlin Rose en 1867, este concentrado de lima sin alcohol y ligeramente dulce sedujo enseguida a los muy ahorrativos cerebros de la Armada, por no hablar de sus exquisitos paladares. También logró hacerse un hueco entre la población civil, que en aquella época empezaba a sufrir los primeros espasmos del Movimiento por la Templanza. Hasta entonces, los cítricos se conservaban (con resultados irregulares) agregando alcohol, empleando sustancias químicas como el ácido tartárico o mediante ebullición. El recetario *Miss Leslie's Lady's New Receipt-Book* (1850) recomendaba el crémor tártaro para «conservar el jugo de limón durante un viaje» y señalaba que sólo se deben usar los limones más frescos, pues «basta un limón un poco pocho para estropear el resto». El tónico de Rose no sólo era un jugo elaborado con garantías sanitarias, sino que además no contenía el preceptivo 15 % de alcohol requerido como conservante.

Hay muchas teorías sobre cómo el tónico de lima se abrió camino hasta los buques de guerra y los barcos mercantes. El historiador de los cócteles David Wondrich propone que los cordiales resultaban tan atractivos para los oficiales de Marina porque, aparte de sus aparentes beneficios higiénicos, funcionaba como un signo de lujo que los distinguía de la tropa. Lo que sí sabemos es que, desde la época de Lind, cada ración de zumo de lima se proporcionaba con una cantidad equivalente de azúcar, lo cual definió la pauta seguida por empresas como Rose's, que reaccionaron sin demora elaborando concentrados cítricos de alta calidad para atender la demanda generada por la Ley de la Marina Mercante promulgada en 1867.

Aunque es una cuestión debatida, la Royal Navy atribuye el origen de la palabra *gimlet* al vicealmirante Thomas D. Gimlette, que sirvió como médico naval entre 1879 y 1913. El *Covey Crump*, un diccionario de jerga marinera, define la palabra *gimlette* como «ginebra aderezada con tónico de lima». La mezcla habría sido ideada por el buen doctor con la esperanza de que los oficiales se animaran a beber zumo de lima. Cabe advertir, sin embargo, que no hay alusión alguna a la célebre bebida en la necrológica del vicealmirante, que murió en 1943. Tampoco se indica en ningún lugar que Rose's fuese la marca empleada. Otras fuentes sostienen la tortuosa conjetura de que el término es hijo del *gimlet*, una especie de taladro usado para abrir los barriles de licor en los barcos.

Sea como fuere, el gimlet aparece en *The Admiral: The Memoirs of Albert Gleaves, USN*, libro de recuerdos escrito por un almirante norteamericano que allí nos cuenta lo ocurrido durante un viaje a China en 1920: «En un club me sirvieron una nueva bebida llamada gimlet, una suave mezcla de ginebra, zumo de lima y agua». La composición de esa mezcla aparece consignada en el libro de Harry MacElhone *Barflies and Cocktails* [bebedores y cócteles; 1927], donde se subraya que la bebida era «muy popular en la Armada». La receta requiere partes iguales de Coates Plymouth Gin y de Rose's Lime Cordial. A lo largo de los años han ido cambiando las proporciones y se han añadido nuevos ingredientes. En *Jigger, Beaker, and Glass* [chupito, vaso y copa; 1939], Charles H. Baker Jr. sugiere que para suavizar el acre sabor de la lima se le puede agregar sirope o azúcar al tónico. Como el vodka gimlet es la versión más común hoy en día, ahora debemos especificar que queremos un gimlet de ginebra. Los muchos devotos del agridulce y oloroso Rose's insisten, sin embargo, en que el verdadero gimlet se prepara con Rose's y ginebra.

La Royal Navy continuó usando la ginebra como una ingeniosa «medicación» en torno a la cual se formó una peculiar cultura etílica. Cuando los barcos fondeaban se izaba una bandera verde y blanca que servía como invitación para que los oficiales del puerto subieran a bordo y se tomaran una copa. El «gallardete de la ginebra» (así es conocido) se sigue empleando actualmente.

Al igual que sus colegas de la Armada, los soldados de la Compañía Británica de las Indias Orientales encontraron usos muy prácticos para la ginebra. Si el escorbuto era un grave problema en alta mar, la terrible amenaza de la malaria no era menos preocupante en tierra firme. La quinina, que se extrae de la corteza del quino, se convirtió en un fármaco básico aunque su sabor era bastante desagradable. Para facilitar su consumo diario, los soldados mezclaban las dosis de quinina con agua, azúcar y lima. La ginebra se agregó después. Nadie debería extrañarse si esta receta le resulta familiar porque es la precursora de la bebida con ginebra por excelencia: el gintónic.

El «agua tónica india» (obsequio a la humanidad de un tal Erasmus Bond) apareció en el mercado hacia 1858 y simplificó la preparación del combinado. En 1870, la Schweppes Company introdujo su propia versión del agua tónica, versión que muchos consideran indispensable en el gintónic de hoy. Tanto en el caso del gintónic como en el del pink gin o el gimlet, los colonos británicos hicieron de la necesidad virtud y convirtieron cada remedio (real o presunto) en algo placentero. Después, cuando regresaban de la India u otros lugares, los expatriados llevaron estas bebidas a la metrópoli.

Los palacios de la ginebra

Mientras el Imperio Británico redibujaba el mapamundi, la Revolución Industrial transformó por completo el aspecto y la estructura de Gran Bretaña, sobre todo de Londres. La sociedad industrializada trajo consigo muchos cambios positivos y no pocos desastres. Las fábricas atrajeron nuevas hornadas de trabajadores a las áreas urbanas y, en consecuencia, la población de Londres se multiplicó. El *Hand-book of London* [manual de Londres; 1850] registra 864 854 habitantes en 1801 y 1 870 127 en 1841. Con el continuo crecimiento de la ciudad hubo que afrontar graves problemas sociales. Las epidemias de cólera de 1831 y 1848 instigaron una revolución en la higiene. El libre comercio abarató los alimentos y amplió su distribución. Por primera vez en la historia inglesa se hizo frente a los estragos de pobreza, aunque no se conseguiría erradicarla. Al mismo tiempo surgía un poderoso movimiento obrero que cuestionaba los privilegios de clase. En definitiva, el antiguo orden social se venía abajo y asomaba un mundo nuevo.

Por otro lado, los avances en todos los campos de la tecnología remodelaron el paisaje urbano. Las máquinas y herramientas facilitaron la creación de elementos decorativos. En 1807, Frederick Albert Winsor iluminó la calle Pall Mall reemplazando con farolas de gas los candiles que se usaban desde principios del siglo XVIII. Mientras tanto, en la Europa continental se inventó un nuevo sistema para fabricar vidrio que hizo más asequible su empleo en edificios ordinarios. En 1832, los hermanos Chance empezaron a producir vidrio laminado, material que abrió el camino al ensamblaje de grandes paneles de cristal.

Todas estas innovaciones dieron pie al suntuoso palacio de la ginebra, que se convirtió en un segundo hogar para las clases más modestas. En *Escenas de la vida de Londres* (1836), una serie de breves crónicas sobre la vida diaria en la capital inglesa, Charles Dickens describe estos establecimientos festivos con indudable entusiasmo:

Bebedores en una taberna (1808). Aguafuerte de Thomas Rowlandson que muestra una botillería de la época anterior a los palacios de la ginebra. En el barril de la izquierda se lee «la mejor ginebra Booth's».

> Todo es luz y esplendor [...]. El vistoso edificio con su pretil fantásticamente ornamentado, el reloj iluminado, los ventanales de cristal rodeados por molduras de estuco y las abundantes lámparas de gas con quemadores bañados en oro: todo un resplandor en franco contraste con la mugre y la oscuridad que dejamos

atrás. El interior es aún más alegre que el exterior. Una barra de caoba elegantemente tallada y finamente pulida se extiende a lo largo del local. Hay dos pasillos laterales con grandes barricas pintadas de verde y dorado protegidas por una barandilla de latón claro.

El primero de estos espléndidos locales fue seguramente Thompson and Fearon's, abierto a finales de 1829 o principios de 1830 en la calle Holborn Hill. Diseñado por el arquitecto John B. Papworth, Fearon's fijó el modelo para los siguientes palacios: un largo mostrador, ningún asiento y una sala abierta, características pensadas para garantizar un constante flujo de clientes. Según Peter Haydon en *An Inebriated History of Britain* [historia ebria de Gran Bretaña; 2005], los papeles tradicionales del «mesonero acogedor» y el «viajero fatigado» habían dado paso a una relación comercial motivada por el simple intercambio de bienes.

La Beer Act de 1830, cuyo propósito era impedir una repetición de la locura etílica, logró irónicamente lo opuesto, pues alentó el desarrollo de los palacios de la ginebra. En Inglaterra imperaba un sistema «cerrado» por el cual los dueños de los pubs tenían que comprar las barricas a cerveceros específicos. La Beer Act acabó con este semimonopolio y permitió que cualquiera vendiese cerveza una vez adquirida la licencia, que no era cara. En los siguientes ocho años abrieron más de 45 000 cervecerías en el país. Los destiladores de ginebra no tuvieron más remedio que contraatacar con algo igual de atractivo que la omnipresente cerveza.

Como señaló Dickens, los palacios de la ginebras eran la seducción encarnada. Con nombres tan cautivadores como The Cream of the Valley [crema del valle], The Out and Out [fuera y afuera] o The No Mistake [no te equivoques], era difícil resistirse a los encantos de esos abrevaderos. La vitola de glamur y el ambiente festivo de esos «palacios» hizo mucho para mejorar la imagen de la ginebra: poco a poco se fue asentando la idea de que beber era un agradable acto social, no sólo un medio para olvidar nuestras penas.

De la old tom a la london dry

Durante la Locura de la Ginebra, los aguardientes eran vehículos para la borrachera más que bebidas para el placer. Todo eso cambió a principios del siglo XIX. No es exagerado afirmar que la Revolución Industrial afectó a todos los aspectos de la vida y, por supuesto, también a la producción de ginebra.

Las exiguas cosechas del periodo 1757-1760, cuando ya concluía la Locura de la Ginebra, obligaron a prohibir la destilación con cereales en Gran Bretaña. Esto, naturalmente, provocó durante esos años una merma en el consumo de ginebra (y, de paso, una sensible mejora de la salud pública). En 1760 se revocó la prohibición y la ginebra volvió a ser la bebida favorita del pueblo, aunque, gracias a nuevas regulaciones, ya no era el inmundo veneno de antaño. Con el aumento de las tasas y la instauración de severos controles de calidad, el Parlamento intentó asegurar que la ginebra dejara por fin de ser un licor asesino. El objetivo era elevar el costo de la elaboración para que los fabricantes se vieran forzados a justificar los nuevos precios aumentando también la calidad del producto.

La vieja old tom de Bradstreet se había convertido en un nombre genérico para la ginebra. Se vendía en toneles a los minoristas, que a menudo la endulzaban ellos mismos para poder venderla directamente como un tónico ya mezclado. Durante la Locura, el azúcar se

Palacio de la ginebra a finales del siglo XIX. Aguafuerte. Adviértase el tonel de old tom y el letrero «Cream of the Valley» en la cuba adyacente.

añadía para ocultar el mal sabor de los alcoholes baratos; al llegar el siglo XIX, la ginebra se edulcoraba para satisfacer los gustos de la época.

Así comenzó una etapa más bien oscura durante la cual los viejos tipos de ginebra fueron desapareciendo lentamente para dar paso a los géneros o variedades que conocemos hoy en día. Durante la Locura, cualquiera que tuviera acceso a los ingredientes y un alambique podía producir licores. El resultado, como hemos visto, fue bastante dañino y a menudo mortífero. En tiempos de los «palacios», la ginebra se volvió mucho menos peligrosa gracias a las nuevas técnicas de elaboración y a una nueva clase de destiladores profesionales: Alexander Gordon, Felix Booth, Charles Tanqueray, James Burroughs o Walter y Alfred Gilbey.

Empujados por la ambición y alentados por el espíritu de la era industrial, estos hombres pretendían elaborar productos de alta calidad, y sus compañías ofrecieron originalmente distintas variedades del licor. Por ejemplo, a principios del XIX, los primeros recetarios de Alexander Gordon indican que su empresa producía varios licores tónicos, una clásica old tom y una amplia gama de ginebras aderezadas con endrinas, ciruelas damascenas, grosellas negras o cítricos.

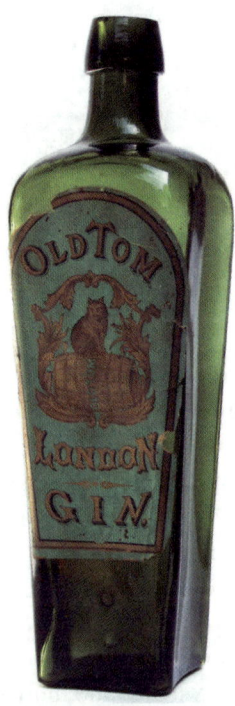

Ginebra old tom genérica (hacia 1870). En su bella etiqueta vemos el clásico símbolo de esta variedad: un gato sobre una barrica.

Por muy puros que fueran los ingredientes, sin embargo, los destiladores afrontaban un grave obstáculo en la cadena productiva: como todavía se usaban los viejos alambiques de retorta o de doble destilación, la ginebra sólo se podía elaborar lentamente y en pequeñas tandas. Todo esto cambió en 1830 o, para ser exactos, en 1827, ya que Robert Stein inventó ese año el alambique continuo. Aeneas Coffey, un avispado recaudador de impuestos irlandés, descubrió el invento de Stein y, después de modificarlo un poco, lo patentó bajo su propio nombre en 1830.

Destilería de Tanqueray en Goswell Road, Londres (1911).

En comparación con las alquitaras de retorta, el alambique de Coffey (muy similar al que inventó Cellier Blumenthal) tiene algunas ventajas importantes. Los alambiques continuos, como bien indica su nombre, pueden destilar alcohol sin interrupción. Además producen un licor sin impurezas y con una graduación más alta. Por tanto, el destilador no necesitaba agregar «componentes» como la trementina o el ácido sulfúrico ni añadir azúcar para disfrazar los malos sabores (aunque aun así se añadía).

La popularidad de la old tom creció exponencialmente después de que Coffey inventara su dispositivo, pues éste permitía un equilibrio más delicado entre el azúcar y los condimentos vegetales. A pesar de su sabor dulce, la old tom se convirtió, básicamente, en el prototipo de la *dry gin*. Siempre había sido una ginebra maltosa destilada en alambiques de retorta, pero ahora se había convertido en una bebida más limpia y herbal. Por esta razón, la ginebra old tom es considerada el eslabón perdido entre la jenever holandesa, de sabor similar al whisky, y la london dry, cuyo sabor depende más de los extractos vegetales.

Al hablar de la ginebra, ya sea old tom o london dry, es importante recordar que no existían las técnicas de producción modernas. *The New Mixing Book* [el nuevo libro de las mezclas; 1869], obra dirigida a vendedores de licores, nos ofrece un somero vistazo a los manejos del negocio. Incluso en esa fecha tan tardía, la ginebra se vendía aún en barriles a los taberneros, quienes luego la revendían a sus clientes por copas o embotellada.

En esa época, uno podía comprar ginebra con o sin azúcar directamente al destilador. Preocupaba mucho que la ginebra preedulcorada pudiera ser un timo para los taberneros, pues el libro recoge medidas para endulzar la ginebra en las tabernas y reconoce que «el gusto de cada clase de cliente deberá, por supuesto, determinar la cantidad de edulcorante». El autor nos habla también sobre las preferencias de diferentes clases sociales cuando afirma que «hay poca demanda de la ginebra fuerte o sin endulzar, con algunas pequeñas excepciones entre las clases respetables o adineradas».

La frase «ginebra fuerte o sin endulzar» alude a la entonces emergente london dry. El adjetivo *dry*, «seco», servía para diferenciarla de los productos edulcorados. Como ya se ha señalado, la gente adinerada se aficionó a la ginebra seca, pero este gusto se difundió cuando, durante la etapa victoriana, empezaron a imponerse los estilos de vida saludables. Para aprovechar la moda, los destiladores comenzaron a anunciar sus productos como «sin azúcar» o «secos». La triquiñuela funcionó: la ginebra old tom, de sabor dulce, no casaba con el nuevo modo de vida y, aunque algunas empresas continuaron produciéndola hasta 1960, su época gloriosa había llegado a su fin.

Lo que el alambique de Coffey logró brillantemente fue abrirle el camino a esa ginebra clara, limpia y pura que hoy asociamos con la variedad london dry. Además hizo posible la producción en masa y así facilitó el advenimiento de las grandes marcas. Sin la competencia del azúcar y otros saborizantes, triunfaron los condimentos vegetales (la nebrina, obviamente, pero también el amargo aderezo del cilantro o el maderoso de la angélica, entre otros), que se convirtieron en el rasgo distintivo de esta clásica bebida.

La destilería industrial de ginebra más antigua de Inglaterra podría ser G&J Greenall's. Los documentos históricos indican que su primer dueño, Thomas Dakin, comenzó a destilar en 1761, casi inmediatamente después de que se levantara la prohibición sobre el uso de cereales en el alcohol. La ginebra de Dakin no tardó en ser considerada mucho más exquisita que el áspero producto servido en Londres. Otros destiladores lo emularon enseguida como se puede advertir en esta cronología:

1769: Alexander Gordon funda la destilería Gordon & Co. en el barrio londinense de Southwark. La destilería se traslada en 1786 a Clerkenwell debido a la pureza del agua en un manantial de la zona.

1778: Booth's y su compañía hermana, Boord's, se inscriben en el registro mercantil.

Botella de Gordon's Special Dry London Gin (1909-1923).

1830: Charles Tanqueray funda Tanqueray & Co. Hacia 1895, la empresa comenzaría a exportar ginebra a Estados Unidos.

El imperio, los nuevos locales y la london dry

Destilería de Booth's en Cowcross Street, Smithfield, hacia 1820. Booth's, una de las primeras destilerías de london dry, aún elabora ginebra hoy en día.

1863: James Burroughs funda Beefeater.

1867: Walter y Alfred Gilbey abandonan el negocio del vino para pasarse a los licores. Así aparece la ginebra Gilbey's.

1898: Tanqueray se fusiona con Gordon & Co. y se traslada a la sede de ésta en Goswell Road (Londres).

Pasado aproximadamente un siglo, la jerarquía de la ginebra london dry había quedado establecida. Desde 1820 hasta 1840, los destiladores más activos formaron el Rectifier's Club, un grupo bastante endogámico que servía a sus propios intereses amañando precios, controles de calidad o alianzas matrimoniales. A diferencia de la tosca ginebra del siglo anterior, los licores de Gordon's o Tanqueray eran excelentes bebidas aderezadas con plantas exóticas y meticulosamente purificadas.

La Plymouth es una ginebra seca que muchos distinguen de la london dry por ser bastante más aromática. Según su propia cronología, la Plymouth fue la primera «ginebra seca» auténtica, aunque no era en sentido estricto una london dry porque se elaboraba fuera de Londres. En 1793, la familia Coates instaló sus alambiques en un antiguo monasterio dominico que funcionaba como cervecería desde 1697. En 1730 aparece la primera referencia escrita a «la fuerza del agua Plymouth». Lo más probable es que esta ginebra mantuviera el edulcorado sabor de la old tom.

La Plymouth gozaba de una amplia clientela, sobre todo en la Royal Navy porque los oficiales la consideraban óptima para preparar el pink gin. Era tan imitada que la destilería interpuso varias demandas en sucesivos intentos de conservar la exclusiva. Hoy la Plymouth es una marca y, al mismo tiempo, una denominación de origen protegida por la Unión Europea, de modo que sólo las ginebras elaboradas dentro de las viejas murallas de la ciudad se pueden llamar «plymouth gin». Junto con sus compañeros londinenses, los destiladores de Plymouth fijaron las bases para el desarrollo de la ginebra moderna.

La ginebra se vuelve respetable

A medida que se instauraban nuevas regulaciones y evolucionaban las técnicas industriales, la calidad y la reputación de la ginebra fueron mejorando notablemente. En 1850, Felix Booth, dueño de la destilería homónima, convenció al Parlamento de que debía levantarse la prohibición que pesaba sobre la exportación de ginebra. La ginebra inglesa comenzó poco después su vuelta al mundo: en los registros de Gordon's, por ejemplo, consta un envío a Australia que fue pagado con polvo de oro. El término *english gin* pronto se convirtió en una garantía de calidad.

Durante esta época, la clase media en ascenso empezó a degustar la ginebra de modos muy diversos. Esto dice el historiador de los cócteles David Wondrich:

> El ponche de ginebra era la bebida que hizo aceptable el consumo de ginebra para las clases medias. Tras sus orígenes en la década de 1730 como, básicamente, una parodia plebeya de lo que bebían los ricos se convertiría en elemento básico de aquellas fiestas veraniegas donde la gente iba a jugar al croquet vestida de franela.

Entre 1840 y 1880 aproximadamente, los ponches se fueron sofisticando con la adición de nuevos ingredientes. Era la época de las *Cooling Cups and Dainty Drinks* [tazas refrescantes y bebidas deliciosas], como se titula el recetario de William Terrington publicado en 1869. Además de varios ponches, el libro incluye cócteles de ginebra, lo que demuestra que el cóctel (un invento norteamericano) ya había llegado a Inglaterra. Terry describe la bebida de esta manera: «Los cócteles son una mezcla bastante popular entre los madrugadores porque fortalecen el carácter de los hombres».

Otra marca prestigiosa entre las clases privilegiadas era la Pimm's N.º 1, creada en 1823. El Oyster Bar de James Pimm era un célebre local de Londres donde los «caballeros más elegantes» se entregaban a la ginebra y las ostras. La ginebra aún no tenía un sabor muy logrado y la parroquia se limitaba a engullirla sin saborearla. El astuto Pimm creó la entonces llamada

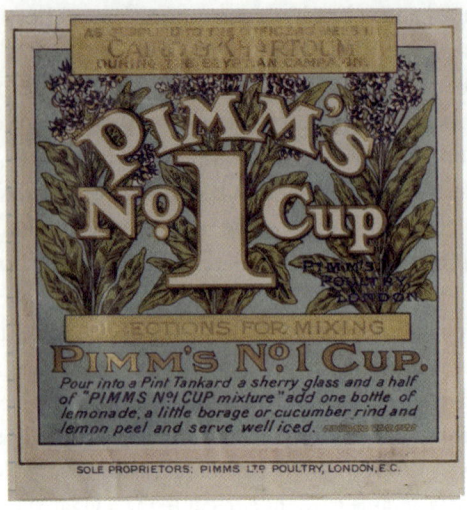

Una de las primeras etiquetas de la marca Pimm's N.º 1 Cup.

house cup [taza de la casa] agregando hierbas, especias y licores a una base de ginebra. Este invento dio lugar a lo que hoy se conoce como *fruit cup* [taza de fruta] o *summer cup* [taza de verano]: un vino o licor mezclado con limonada o una bebida gaseosa y aderezado con hierbas y especias. La Plymouth, entre otras marcas, sigue produciendo una de estas bebidas.

El licor Pimm's N.º 1 llegó hasta Colombo, en Sri Lanka, donde entró a formar parte de la carta en el lujoso Galle Face Hotel. También llegó a Sudán, donde sir Horatio Kitchener y sus oficiales lo bebían con fruición durante la campaña de 1898. La manera tradicional de beber una *fruit cup* es como «trago largo» en un vaso alto donde el licor se mezcla con ginger ale o limonada y se adereza con rodajas de manzana, fresa, limón, naranja, etc. También se puede añadir menta o pepino. En Gran Bretaña es la bebida veraniega por excelencia.

Además de su uso en el Pimm's y en licores con ciruela o endrina, la ginebra debutó como ingrediente en el *Mrs Beeton's Book of Household Management* [libro de economía doméstica de la señora Beeton; 1861]. Esta obra vendió más de un millón de ejemplares en pocas semanas y su autora se ganó la fama de ser una especie de Martha Stewart* victoriana. Ese mismo año, la ginebra comenzó a venderse en tiendas de alimentación y los tónicos de ginebra hicieron su aparición en las meriendas de las damas victorianas. Estas señoras llamaban a la bebida «vino blanco» o etiquetaban la botella como «nig» (*gin* al revés) para despistar a la servidumbre.

Alambiques de la ginebra Plymouth (1906).

* Célebre presentadora norteamericana de programas televisivos dedicados a la vida doméstica y, en particular, a la cocina. (*N. del T.*)

Durante la misma época, los caballeros de buena familia comenzaron a beber ginebra en sus clubs. *The Gentleman's Table Guide* [guía de mesa para el caballero], un recetario de 1871 que pretendía satisfacer la obsesión social por entretener y servir bebidas a huéspedes en casa, incluía entre sus recetas el gin twist, el gin julep y el gin sangaree.

El bebedor de copitas. Ilustración de Kenny Meadows publicada en el *Illustrated London News* (1848).

La ginebra se hizo aún más célebre cuando en 1863 se desató la plaga de la filoxera que acabó con la producción de casi todos los viñedos europeos. Irónicamente, esta plaga fue causada por botánicos ingleses que introdujeron vides infectadas procedentes de América. Los viñedos británicos quedaron arrasados, pero a nadie le importaba el vino británico. Fue la pérdida de los viñedos franceses lo que indirectamente provocó un aumento en el consumo de ginebra, pues la alta sociedad británica no tardó en buscar una alternativa al coñac.

Aunque la bebida misma cada vez ganaba más prestigio y más adeptos, los ruidosos palacios de la ginebra (solía haber uno o dos en cada calle importante) preocupaban a las clases medias y altas. Igual que durante la Locura, la ginebra seguía tentando a mujeres y niños que tomaban la senda de la perdición. El 6 de mayo de 1848, el *Illustrated London News* publicó una caricatura de Kenny Meadows titulada *El bebedor de copitas* donde podía verse a un caballero harapiento tragando un chupito mientras una animosa niña coloca su botella vacía en la barra. Al pie de la ilustración se leía esto:

> Hasta las mujeres y los niños entran con botellas, algunos (como el plasmado por nuestro artista con tanta verosimilitud) tan jóvenes que apenas pueden alcanzar la barra de metal para colocar sus envases [...]. Incluso estas jóvenes y miserables criaturas son aficionadas a la bebida, y a menudo se las puede ver aflojando el corcho en el portal y llevando el veneno a sus blancos y marchitos labios. Han descubierto que la ginebra adormece temporalmente las rabiosas punzadas del hambre y encima pueden beber la endiablada pócima en estado puro.

Este lenguaje galvanizó a quienes se oponían al vicio y el desenfreno. Así, con la proliferación del alcohol llegaron los reformadores.

La ginebra y el Movimiento por la Templanza

El Movimiento por la Templanza del siglo XIX fue instigado por abnegados individuos de clase media molestos con la escandalosa ebriedad de las clases bajas. Alentados por el celo moralista del clero y los filántropos, estos seres intachables hicieron «pequeños votos de temperancia» rompiendo con la ginebra y los licores, pero no así con el vino y sus derivados. La abstinencia total, bastión de las clases trabajadoras, surgió como respuesta a la hipocresía de los temperantes que pedían a los pobres que no bebieran ginebra, pero no veían problema alguno con el consumo de vino. Los verdaderamente abstemios eran intransigentes en su odio al alcohol.

Uno de los censores más rígidos y exaltados fue George Cruikshank, ilustrador de las obras de Charles Dickens y personaje famoso por méritos propios. Cruikshank no siempre abogó por la temperancia y, de hecho, fue un gran bebedor hasta 1842, año en que repentinamente decidió dejar la bebida. Sin embargo, la ginebra había estado presente en su trabajo desde antes presagiando su eventual fanatismo abstemio.

Publicado en 1835, el aguafuerte de Cruikshank *The Gin Juggarnath** muestra un enorme palacio de ginebra sobre ruedas aplastando a una muchedumbre

---

* El término *juggernaut* es de origen indio y se empleaba con los significados de «idolatría ciega» o «sacrificio despiadado». Hoy significa aproximadamente «fuerza aniquiladora». *(N. del T.)*

enloquecida. A lo lejos se puede ver la campiña inglesa impoluta y libre de la furia etílica. Las series de Cruikshank *The Bottle* [la botella; 1847] y *The Drunkard's Children* [los hijos del borracho; 1848] también fustigan el alcohol con edificante dureza. En la primera, ocho grabados cuentan la historia de un alcohólico que asesina a su mujer y termina en un manicomio. La segunda prolonga la historia centrándose en los vástagos del beodo, cuya hija termina arrojándose al vacío desde un puente. La leyenda dice: «La pobre niña, desvalida, sin casa, sin amigos y arrastrada a la demencia por la ginebra, se mata a sí misma».

La fuerza aniquiladora de la ginebra o el culto al gran espíritu de nuestro tiempo (1835). Aguafuerte de una serie donde George Cruikshank refleja las hecatombes asociadas a la bebida.

Las opiniones de Cruikshank le costaron la amistad de Dickens, un hombre con creencias más moderadas. A diferencia del implacable Cruikshank, Dickens decía lo siguiente:

La joven trastornada por la ginebra se suicida. Grabado de Cruikshank perteneciente a la serie *Los hijos del borracho* (1848).

La ginebra es un gran vicio en Inglaterra, pero lo son aún más la miseria, el hambre y la mugre. Hasta que no mejoren los hogares de los pobres o se convenza a los hambrientos de que no busquen un bálsamo en el olvido temporal de su propia desgracia [...], las bodegas de ginebra seguirán aumentando en número y en esplendor.

Las afirmaciones de Dickens resultaron proféticas: las *gin-shops*, como él llamaba a esos locales, en efecto florecieron. Inglaterra comenzó a exportar ginebra en 1850 y el consumo nacional siguió creciendo hasta tal punto que llegó a preocupar a un hombre íntimamente ligado a los licores.

En 1869, Walter Gilbey, cuya ginebra era uno de los éxitos de la época, hizo esta observación:

Es una desgracia de este país [...] que las bebidas fuertes (uno pensaría que por ignorancia) se beben con más ardor del que es necesario para dar placer o saciar la sed.

El comentario de Gilbey era tan sagaz como absurdo. Es cierto que los ingleses siempre habían apreciado las bebidas fuertes, pero el consumo de ginebra entre las clases bajas durante los siglos XVIII y XIX no podía achacarse a la ignorancia. Era, simplemente, una manera de escapar a los agobios de la vida diaria. El siglo XIX trajo consigo grandes mejoras para los pobres y los trabajadores en general, pero quedaba mucho por hacer. Mientras tanto, las tabernas ofrecían consuelo bajo la tempestad.

A pesar de esto, la abstinencia siguió siendo apoyada tanto por las organizaciones favorables a la templanza como por miembros del gobierno. En 1892 se llevó al Parlamento una ley promovida por Francis Jayne, obispo de Chester. Jayne sugería un modelo de temperancia basado en el exitoso sistema de Gotenburgo, Suecia, donde se había incrementado el control estatal y se desaprobaba la venta de licor. Si el sistema lograba instaurarse, según Jayne, «las tiendas de alcohol, los palacios de la ginebra, y los "bares" (ese pernicioso incentivo para beber por beber) quedarían completamente abolidos». La ley no prosperó, quizá porque muchos coincidieron con las palabras de un obispo anónimo con escaño en la Cámara de los Lores: «Prefiero una Inglaterra libre a una Inglaterra sobria».

5
La ginebra en Norteamérica

Un martini no está mal.
Dos son demasiados.
Tres no bastan.
JAMES THURBER

Cuando visitó Norteamérica en 1831 para estudiar la democracia en acción, el francés Alexis de Tocqueville hizo el siguiente comentario:

> Los viejos principios que han gobernado al mundo durante siglos han acabado: un camino sin retorno y un campo sin horizonte se han abierto para la intrépida y ardiente curiosidad del hombre [...]. Los hombres son allí más iguales que en cualquier otro país del mundo o cualquier otra época de la que tenga recuerdo la historia.

Lo que aquí captura Tocqueville con tan elocuente prosa es la noción de «libertad» que siempre ha sido el factor clave en el estilo de vida americano. Desde su descubrimiento, el Nuevo Mundo atrajo por su potencial inexplorado, y este «borrón y cuenta nueva» sedujo a los colonizadores: aventureros, soñadores y empresarios por igual. Estos robustos individuos se enfrentaron a una tierra salvaje en la que no disponían de ningún tipo de lujo, y doblegaron el ambiente a su favor. En efecto, esos individuos que finalmente conseguirían su independencia eran una clase especial de pensadores libres y francos con grandes ambiciones y un imparable espíritu emprendedor.

Esta exigencia de libertad asomó en todo lo que hacían los americanos. A diferencia de los demás países, donde suele haber un único licor que define la identidad nacional (whisky en Irlanda y Escocia, tequila en México o jenever en los Países Bajos), los americanos bebían tranquilamente cualquier licor, y lo hacían sin sufrir las anticuadas normas sociales que habían dejado atrás. El ron, el brandi, el whisky y la ginebra (primero la jenever y luego la ginebra seca) compartían estantería y esta libertad para inventar sin límites inspiró la creación del cóctel, la bebida americana por excelencia.

Es muy posible que el alcohol, y por tanto la ginebra, tuviera en la colonización americana un papel más destacado que en cualquier otro país. Una estadística sugiere que, a principios del siglo XIX, los americanos bebían más que los ingleses durante la Locura de la Ginebra. Lo que antes se había utilizado como refuerzo espiritual y médico durante la colonización del nuevo país, se convirtió en una panacea contra los estresantes efectos secundarios del proceso de urbanización.

La jenever en América

En 1625, los holandeses fundaron los Nuevos Países Bajos. En 1640, Willem Kieft, gobernador de la colonia, fundó la primera destilería de whisky americana en Staten Island, la isla que hay frente a Manhattan. Dada la época y la nacionalidad de Kieft, es probable que su whisky requiriese los mismos métodos de producción que la jenever, pero sin enebro.

En 1732, ya se habían fundado las trece colonias americanas y la jenever (también conocida como *hollands*, ginebra holandesa, o *geneva*) se podía comprar en cualquier taberna. En 1741, la jenever tenía tanta presencia que una mafia neoyorquina se ganó el nombre de Geneva Club por sus hurtos de ginebra. Además, los registros que se conservan de los archivos de la Bols confirman que había un fuerte apoyo a la exportación de ginebra holandesa hacia América desde 1750 hasta 1800, seguido por un curioso momento de calma entre 1800 y 1850 y creciendo de nuevo desde 1850 hasta 1916.

Izquierda: botella de *geneva* Freebooter (1895); pese a la difusión de las variedades london dry, la jenever aún era popular a principios del siglo XX.
Derecha: botella de Blankenheym & Nolet Hollands (hacia 1890); el mercado anglosajón adoptó la forma *geneva* para designar la jenever.

No es coincidencia que el escritor norteamericano Washington Irving atribuyera a los efectos de la jenever («una bebida con el buen sabor de la *hollands*») la siesta de veinte años de su protagonista en la novela *Rip van Winkle* (1819). De hecho, en el siglo XIX, cuando la cultura coctelera estaba en plena efervescencia, se importaba cinco veces más jenever que ginebra inglesa. En 1860, el libro *600 Receipts, Worth Their Weight In Gold* [600 recetas que valen su peso en oro] ofrecía varias recetas para imitar a la ginebra holandesa, la mayoría de las cuales requerían algún licor puro o whisky y por lo menos cuatro litros y medio de «ginebra holandesa pura importada». Los registros indican que en 1883 Estados Unidos importaba 321 340 galones imperiales (o 1 460 000 litros) desde Holanda, además de 11 194 cajas de botellas. En contraste, se importaron 11 402 galones y 7313 cajas de ginebra inglesa. Además, si nos fijamos en una guía para destilerías americanas de principios de siglo, *The Practical Distiller* [el destilador práctico; 1809] escrita por Samuel M'Harry, vemos que él recomienda una destilación muy similar a la de la jenever (con alambique de retorta y pocos componentes vegetales aparte de las nebrinas y el lúpulo). Hasta que se impuso el punto seco de la herbosa london dry, las ginebras del amanecer norteamericano (la jenever holandesa y las old toms maltosas) eran bebidas intensas, potentes y definitivamente más parecidas al whisky que a la ginebra inglesa moderna.

Combinados y cócteles

En los primeros años de la república, Estados Unidos tomó prestada la tradición británica de las «poncheras», cuyos contenidos se bebían entre amigos para matar el tiempo. Los combinados surgieron como imitación de este ponche comunal hecho a base de licores, azúcar, agua, cítricos y especias: una abundancia de líquido que, a pesar de que tardaba horas en consumirse, quedaba bien con la imagen industriosa que los americanos de aquella época pretendían transmitir. Hacia finales del siglo XVIII, los taberneros habían tomado nota y ofrecían el ponche en dosis individuales.

De una manera casi bíblica, el ponche de ginebra dio pie a un amplio surtido de bebidas similares. El gin fix, el gin sour, el gin daisy y el gin fizz eran bebidas muy parecidas, pero con pequeños matices. Tenían algunos ingredientes en común con el ponche: ginebra edulcorada, agua y cítricos. Se las llamaba «bebidas cortas» y se agitaban sobre hielo antes de colarlas en pequeñas copas. De rápido consumo, baratas e infinitamente sabrosas, ofrecían al americano común una excusa para disfrutar un trago durante las estresantes jornadas laborales.

Además del ponche de ginebra, otros pilares de la cultura etílica eran el toddy y el sling. Los toddies se servían calientes, mientras que los slings se servían fríos. Eran bebidas simples y elegantes que sólo requerían licor, agua, azúcar y quizá un poco de nuez moscada. A menudo se recetaban como tónicos medicinales, dejando el licor base (jenever, whisky o ron) al gusto del consumidor.

El cocktail (que no era cualquier mezcla, sino un combinado específico) era básicamente un sling con unas gotas de angostura. Tuvo su origen en una manera práctica de automedicarse, ya que los servicios médicos no siempre eran accesibles y, al igual que la Royal Navy, los americanos usaban la angostura como curalotodo. Durante la fiebre del oro americana, los mineros elaboraban sus propios tónicos a base de hierbas y cortezas o los compraban a vendedores ambulantes, pero la gente más rica o culta compraba angostura embotellada en los mercados locales. Sea como fuere, establecer con precisión cuándo se mezcló por primera vez licor con angostura es una quimera.

El cocktail aparece en la prensa el 13 de mayo de 1806. El director del periódico *Balance and Columbian Repository,* en respuesta a una pregunta sobre el uso de la palabra *cocktail*, la definió así en un artículo: «El cocktail es un combinado estimulante compuesto de varios licores, azúcar, agua y angostura. Se lo conoce vulgarmente como "sling amargo"».

Postal que muestra el «famoso Gin Fizz Saloon de H. C. Ramos» (Nueva Orleans, principios del siglo XX).

Durante sus primeros años, el cocktail era considerado una bebida «mañanera», lo cual insinúa que servía para paliar las resacas. Así adquirió una cierta mala reputación como bebida para «gente temeraria». Este mote no era ningún cumplido, pues aludía a los tahúres, los estafadores y las mujeres libertinas que esos individuos cortejaban. Por supuesto, como cualquier innovación, el cocktail también encontró su lugar entre las clases más «respetables», pues tampoco ellas podían negar que la bebida era inmensamente agradable. Como bien indica William Grimes en *Straight Up or On the Rocks* [tal cual o con hielo; 1993], el momento en que el cocktail dejó de ser una elixir curativo para beberse como simple refresco constituyó un punto de inflexión en la manera de beber americana.

Páginas de *How to Mix Drinks, or The Bon Vivant's Companion* [cómo mezclar bebidas o la guía del *bon vivant*] de Jerry Thomas (1862). Es el primer libro de coctelería.

Tanto el cocktail como otros combinados (el fix o el sour, por ejemplo) se servían regularmente en las tabernas de la época. Estas tabernas, ya fuesen barras de lujosos hoteles o los arquetípicos salones con puerta abatible del Salvaje Oeste, ofrecían la atmósfera de un club privado (un punto de encuentro cultural), pero con un espíritu más igualitario. Los más elegantes de estos locales a menudo se parecían en su decoración a los opulentos palacios de la ginebra londinense. Sin embargo, había una profunda diferencia entre la taberna americana y el palacio de la ginebra. Los palacios de la ginebra estaban diseñados para atraer clientes y luego mandarlos fuera de la manera más rápida posible. Las tabernas, en cambio, deslumbraban a su clientela con un despliegue de bebidas fantásticas, servidas por camareros acicalados que hacían del manejo de la coctelera y la copa un auténtico ballet.

Se podría decir que el más famoso de estos bármanes artistas fue Jerry Thomas, a quien se le atribuye haber llevado la cultura coctelera a Europa e Inglaterra. En 1862, Thomas cambió la faz del mundo etílico con la publicación de *How to Mix Drinks, or the Bon Vivant's Companion* [cómo mezclar bebidas o la guía del *bon vivant*], el primer libro en su género. Además de varias recetas para combinados, la primera edición incluía diez «cócteles oficiales», entre ellos el gin cocktail (elaborado con ginebra holandesa).

En los inicios de la coctelería americana, la única ginebra usada era la jenever. Sin embargo, en 1850 Gran Bretaña comenzó finalmente a exportar ginebra a Estados Unidos gracias, sobre todo, a las peticiones de Felix Booth ante el Parlamento. En esa época, los destiladores ingleses elaboraban principalmente ginebra old tom además de varios tónicos con ginebra como el *sloe* o el *damson*.

Hacia finales del xix, la old tom, cuyo dulce sabor vegetal la convertía en una base menos maltosa para las bebidas, se hizo popular en las recetas de los bares americanos. En la edición de 1887 del libro de Thomas, la ginebra holandesa aún estaba presente, pero la old tom era la ginebra preferida para el martínez (antecedente del martini), y también para el silver fizz y el julepe de piña. Además del cocktail con ginebra holandesa, el libro incluía una receta del mismo combinado que requería ginebra tipo old tom.

El recetario de George Kappeler *Modern American Drinks* [bebidas americanas modernas; 1895] requiere ginebra old tom en varios de sus cócteles, entre ellos el dundorado, el ford, el george, el princeton, el turf, el union, el yale y el york. La ginebra holandesa sólo se recomienda en las recetas para el smith, el schiedam y el holland gin cocktail. También se emplea ginebra holandesa en el john collins, una «bebida larga» preparada con ginebra, azúcar, limón y agua con gas servida sobre hielo en un vaso alto. Por supuesto, hay también una receta para el tom collins, que lleva, lógicamente, ginebra old tom.

En 1872, cuando en Ohio abrió la destilería Fleischmann, la primera fábrica americana de ginebra seca, el grueso de la población aún prefería las bebidas dulces. El interés y conocimiento sobre la ginebra seca era bastante menor. Incluso en una fecha tan tardía como 1891, el recetario de cócteles *The Flowing Bowl* [el cuenco fluido] definía la ginebra como «un potente licor elaborado en Holanda (ginebra holandesa) e Inglaterra (ginebra old tom)».

El cocktail y otros combinados con ginebra seguían siendo habituales en los bares a finales del siglo xix, pero el dry martini pronto cautivaría las mentes de toda una generación. También sería el último clavo en el ataúd de la ginebra holandesa y la old tom, pues el sabor de esos licores era poco apreciado a finales de siglo, sobre todo en comparación con la ginebra london dry. Sin embargo, este cambio en los gustos del público importaría poco, pues en 1920 la Prohibición proyectaría su larga sombra sobre las costumbres etílicas del país.

Anuncio de la ginebra Fleischmann's (hacia 1930). Fleischmann's fue la primera ginebra americana y aún se elabora hoy en día.

El camino hacia la Prohibición

Con la llegada del siglo XX, América dio la bienvenida a muchas rarezas del mundo de la ginebra con la intención de sacar partido a la tradicional reputación médica de la bebida. Algunas de estas ginebras estaban dirigidas a las mujeres con problemas ginecológicos o se concebían como estimulantes. La sugerencia era que las mujeres se tomaran la «medicina» sin mezclar o diluida en leche o agua, fría o caliente.

Uno de los anuncios para la ginebra Maple, «amiga de las mujeres», muestra a una *gibson girl** sosteniendo una copa de ginebra. La compañía productora de esta bebida, Buffalo Distilling, incluso llegó a publicar un pequeño folleto para la Exposición Panamericana de 1901. Otro anuncio de la ginebra Maple contiene una cita del *Century Dictionary* que dice: «La ginebra pura es un valioso tratamiento en la lucha contra muchas enfermedades, especialmente las renales». Ese folleto también incluía recetas para combinados «usando como base el más conocido y saludable de los estimulantes: la ginebra Maple».

Por esa misma época, la Ullman Company de Cincinnati ofrecía otro remedio con el eslogan: «¿Cansancio? ¿Fatiga? El fosfato de ginebra te pondrá en forma». Otro remedio popular era la ginebra tipo *buchu*, que se vendía sin receta en las farmacias. La Bouvier Specialty Company calificaba su propia buchu como «una bebida deliciosa y un tónico excelente». La ginebra buchu de Friedenwald se anunciaba en el *World Almanac and Encyclopedia* [almanaque mundial y enciclopedia] de 1907 afirmando que la combinación de sus ingredientes

* Prototipo de la joven modélica de acuerdo con la imagen popularizada por el ilustrador Charles Gibson. *(N. del T.)*

Anuncio de la ginebra Maple, «amiga de las mujeres» (1901), incluido en un catálogo para la Exposición Panamericana de Búfalo donde se afirma que el producto es «de interés para las damas» y sumamente eficaz en el tratamiento de varias dolencias femeninas.

hacía de ella «una cura efectiva para toda enfermedad de riñones, sangre u órganos urinarios, además de dolores e irregularidades femeninas». Otro producto novedoso era la ginebra de espárrago elaborada, entre otras empresas, por la Rothenberg Company de San Francisco y por la Folsom Company. Esto se debió a que el espárrago, al igual que las nebrinas, tiene efectos diuréticos.

Aunque el alcohol medicinal estaba bien visto, había quienes, no sin razón, criticaban su uso recreativo. De hecho, como señala el libro *The Prevention and Societal Impact of Drug and Alcohol Abuse* [prevención e impacto social del abuso de las drogas y el alcohol; 1999], las décadas siguientes a la Guerra de Independencia de Estados Unidos (un periodo de grandes cambios sociales y económicos) trajeron consigo la mayor cantidad de consumo de alcohol en la historia americana. A principios del siglo XIX, los americanos (sobre todo los varones) bebían sin duda en exceso (unos 38 litros de licor al año por persona). Los autores del libro lo describen de esta manera: «El alcohol, que siempre había sido una "gentil criatura de Dios", se convertía ahora en "el ron del demonio"». Los grupos favorables a la templanza consiguieron disminuir el consumo de alcohol a mediados del siglo XIX y el movimiento cobró aún más impulso.

Liderado principalmente por mujeres (muchas de las cuales habían sufrido a manos de hombres alcoholizados), esta cruzada antialcohol se intensificó durante la Primera Guerra Mundial. No es coincidencia que grupos como la Women's Christian Temperance Union [unión de mujeres cristianas por la templanza] o la Anti-Saloon League [liga antitabernas] inundaran al Congreso americano con súplicas a favor de la abstinencia justo cuando una parte de la población masculina estaba fuera del país luchando en la guerra. El 16 de enero de 1919, los políticos se doblegaron a la aparente «voluntad del pueblo» y ratificaron la 18.ª Enmienda, también conocida como la Ley Volstead. Poco tiempo después, y no por casualidad, se les otorgó a las mujeres el derecho al voto.

Esta «voluntad del pueblo» era un mito. La letra de «The Alcoholic Blues», escrita poco después de que se anunciara la Prohibición, lamenta: «Adiós al highball,

Botella de ginebra buchu, recomendada «para todos los males del riñón» (hacia 1900). Era la versión envasada de un antiguo remedio casero.

adiós a las ginebras. ¡Oh!, dime cuándo volverás a estas tierras». Esta sensación de pérdida se expandió por todo el país. A pesar de las obvias diferencias entre su propósito y su efecto, la Prohibición fue, a su manera, la versión americana de la Locura de la Ginebra. Al igual que la Ley de la Ginebra del siglo XVIII, la Ley Volstead pretendía prohibir la venta y producción de alcohol, pero el resultado fue que ambas pasaran al mercado negro, a menudo con consecuencias devastadoras.

Ginebra de espárrago Fag-Co. (hacia 1900), una de las muchas ginebras «medicinales» que producían supuestos beneficios para la salud.

La Ley Volstead entró en vigor el 16 de enero de 1920, un día después de que se aprobara. Estados Unidos pasaba a ser oficialmente un país «seco». La sombra de la Prohibición pretendía eliminar los placeres del alcohol sin remordimiento alguno. De un día para otro, las tabernas cerraron y se confiscó todo el alcohol de las tiendas y los bares. Casi inmediatamente surgió una contracultura, en la que varios americanos emprendedores encontraron maneras creativas de mantener el flujo de licor.

Así, las tabernas legales del siglo XIX pasaron a ser

las barras clandestinas del siglo XX. Circunscribiéndonos sólo a Nueva York, había más de 30 000 clubs ilegales, entre ellos el Cotton Club, el Stork Club y el 21 Club, este último conocido por proveer los licores de más alta calidad a su adinerada clientela. Walter Winchell, en ese entonces columnista de cotilleos en el *Daily Mirror*, introdujo el neologismo *gintelectuales* para describir a las clases cocteleras de Nueva York.

La serpiente del alambique. Grabado de Will Carleton aparecido en *City Legends* [leyendas urbanas; 1898].

Superado el decoro victoriano, los denominados «años locos» fueron exactamente lo que su nombre indica. Eran años estridentes, eróticos y fuera de control. La gente accedía a las barras clandestinas, que surgieron en cantidades comparables a los tugurios de Londres en el siglo XVIII, con contraseñas secretas. Una vez dentro, el alcohol, el jazz y las atractivas y atrevidas chicas *flapper* bombardeaban los sentidos.

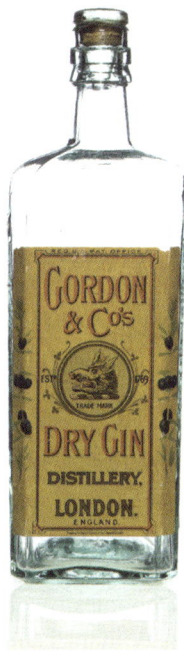

Ginebra seca Gordon & Co.'s elaborada en Estados Unidos con licencia de la empresa británica.

Las *flappers*, que venían a reemplazar la anticuada imagen de la *gibson girl*, a menudo iban del brazo de los gánsteres locales que controlaban el suministro de licor. Uno de estos gánsteres fue Al Capone, un criminal de poca monta antes de la Prohibición. Capone era el rey del licor y las barras clandestinas: había por lo menos 10 000 en Chicago. Poderoso y brutal, Capone personificaba la ola criminal que provocó la Prohibición, engendrada por la competencia entre productores de licor y apoyada por un gobierno corrupto.

Que el Congreso declarara la sobriedad forzosa en Estados Unidos tuvo poco efecto sobre las importaciones de ginebra de las compañías británicas. La Distillers Company Limited (dueña de Gordon's, Tanqueray y otras ginebras) creó una serie de procedimientos para encubrir la entrega de sus productos a Estados Unidos. Mientras que la DCL simulaba mandar sus licores a Canadá, Gilbey hacía pasar la ginebra por Amberes y Hamburgo primero. Luego mandaba las remesas a los límites de las aguas americanas y las introducía en Estados Unidos usando cualquier bote que se prestara a ello.

La destilación ilegal también se hizo común, y la ginebra era un licor fácil de imitar. El whisky tenía que añejarse, lo cual era inasequible para los destiladores oportunistas. Un «destilador» ambicioso podía obtener un producto sencillo mezclando alcohol crudo con extractos de enebro en un contenedor de cierto tamaño. Las bañeras eran del tamaño perfecto para la mezcla, lo cual dio origen a la frase «ginebra de bañera» para referirse a los alcoholes caseros. Era tan fácil de elaborar que incluso William Faulkner solía preparar unas cuantas tandas para él y sus amigos. Usaba alcohol cubano aderezado con esencia de enebro, que se podía comprar en cualquier tienda local.

Mientras que los destiladores aficionados como Faulkner tenían mucho control sobre sus licores, la ginebra elaborada y vendida por los contrabandistas era mucho menos fiable. Imitando la ginebra de la Locura, este licor barato era fuerte y casi intragable. Para desalentar su uso en la producción ilegal, el gobierno ordenó adulterar el alcohol industrial con metanol tóxico, a pesar de las objeciones de la comunidad médica.

Saborizante de ginebra «cuatro en uno» (hacia 1930).

Aun así, muchas personas usaban alcohol industrial para hacer licores caseros. Hacia finales de la Prohibición, muchas compañías sacaron provecho de esto, produciendo saborizantes sintéticos que imitaban el sabor de la ginebra, el centeno y el ron, entre otros. En un ejemplar de 1932 del *New Yorker*, la Pichel Company aseguraba que «un tarro de saborizante Peeko es suficiente para cuatro litros y medio (nueve en el caso de la ginebra) y cuesta sólo 75 céntimos de dólar en farmacias y tiendas». Como beneficio adicional, dice el anuncio, «¡la mezcla es fácil de hacer y no debe añejarse!». Mientras que estos productos no eran peligrosos en sí mismos, la invitación que hacían a que los clientes elaboraran con ellos sus propios licores era un problema. Hacia finales de la Prohibición habían muerto más de 10 000 personas por ingerir alcohol adulterado, que se rebajaba con zumo de fruta y otros edulcorantes para ocultar su mal gusto en los cócteles.

Una de las muchas contradicciones de la Ley Seca era que permitía el consumo de licores adquiridos antes de la Prohibición. Por tanto, quien se hubiera hecho con cierta cantidad de reservas de alcohol antes de que la Ley Volstead entrara en vigor, podía beber sin preocupaciones. La ginebra y el whisky eran las bebidas más populares; el dry martini y el manhattan, los cócteles preferidos. Previamente, en 1892, la Heublein Company había producido «cócteles de club» premezclados para uso doméstico. Durante la Prohibición estas bebidas ya no estaban disponibles, pero gracias a ellas surgieron las «fiestas cocteleras», o simplemente «cócteles», la primera de las cuales tuvo lugar en 1917 en San Luis.

Estas íntimas reuniones reemplazaron las laboriosas veladas victorianas, que a menudo requerían muchos sirvientes y no eran algo habitual entre la clase media americana del siglo XX. Para un anfitrión era más fácil mezclar unos cuantos martinis que supervisar una cena de diez platos diferentes. Estos cócteles también contribuyeron enormemente a los derechos de la mujer. En *Domesticating Drink: Women, Men, and Alcohol in America, 1870-1940* [la doma de la bebida: mujeres, hombres y alcohol en América; 2001], Catherine Gilbert Murdock señala que «los cócteles permitían beber licor fuerte, pero atenuado [...]. Las mujeres, que nunca se habrían atrevido a beber ginebra a palo seco, ahora podían pedir un martini sin miedo a perder la reputación».

A pesar de la disponibilidad de alcohol y lo fácil que resultaba eludir la ley, muchos americanos con dinero prefirieron abandonar el país. Esto no sólo les permitía beber, sino que además servía como excusa para viajar, y como protesta contra la represión social por parte del gobierno.

Podía encontrarse asilo en varios lugares. Si lo que se buscaba era un ambiente exótico, Cuba estaba cerca. Para los trotamundos estaba el Hotel Raffles de Singapur, donde la bebida de la casa era el singapore sling. Inventado en 1915, se preparaba con ginebra Beefeater mezclada con Bénédictine, Cointreau, licor de cereza, piña, zumo de lima y angostura.

Al otro lado del océano estaban los países europeos. Muchos americanos se embarcaban en los lujosos trasatlánticos de la época, particularmente el *RMS Aquitania* de la línea Cunard. Una vez entrados en aguas internacionales se descorchaban las botellas. De hecho, cuando durante la Gran Depresión la clientela disminuyó, Cunard comenzó a anunciar viajes baratos al Mediterráneo bautizados como *Booze Cruises* [cruceros borrachines].

En Europa, la tradición coctelera era bastante activa, pues los europeos habían recibido el invento americano con los brazos abiertos. El más famoso tugurio de París era el Harry's New York Bar, regentado por el escocés Harry MacElhone, que había comprado el local a su jefe americano en 1923. Allí nacieron muchos cócteles basados en la ginebra, entre ellos el monkey gland, una combinación de ginebra, zumo de naranja, granadina y absenta o pastis creada en 1923, a principios de la

Prohibición. El nombre monkey gland [glándula de mono] alude al disparatado procedimiento quirúrgico mediante el cual se injertaba un testículo de mono en el de un hombre para revitalizar su potencia sexual. Testimonio de la popularidad de esta bebida (y del procedimiento que le dio nombre), los Memphis Melody Boys compusieron en 1923 una canción que contenía el verso «esta glándula de mono ha hecho un mono de mí».

Entre los expatriados que frecuentaban locales como el Harry's Bar estaban Hemingway y su buen amigo F. Scott Fitzgerald. Fitzgerald, un alcohólico empedernido, escribió su célebre condena de los Felices Veinte, *El gran Gatsby*, cuando vivía en Francia e Italia. En ese libro hay cócteles por doquier, y el mismo Gatsby era un contrabandista dueño de farmacias que vendían licor de cereal sin receta médica.

La cultura coctelera londinense también estaba en pleno auge. El establecimiento allí más popular era el bar americano (nombre genérico para las barras que servían cócteles americanos) del Hotel Savoy. La barra estaba atendida por el barman estadounidense Harry Craddock, que había huido de su país y la Prohibición en 1920. El Savoy era un punto de encuentro para ricos, poderosos y celebridades. Uno de sus cócteles más conocidos era el hanky-panky, creado por la predecesora de Craddock, Ada Coleman. El hanky-panky era básicamente un martini dulce con partes iguales de ginebra y vermut rojo más un ingrediente secreto: unas gotas de Fernet Branca, un digestivo italiano parecido al amargo de angostura.

En 1930, Craddock recopiló las recetas del bar en *The Savoy Cocktail Book* [libro de cócteles del Savoy], un auténtico catálogo de las bebidas que se tomaban en aquella época. Una de las recetas más conocidas de Craddock era el «corpse reviver N.º 2» [resucitador de cadáveres n.º 2], cuyos efectos glosaba Harry de este modo: «Cuatro de éstos en rápida sucesión desresucitan el cadáver». Era una de las casi doscientas recetas del Savoy que requerían ginebra seca. Veintisiete empleaban ginebra Plymouth específicamente y otras tantas Beefeater. Como evidencia de los cambios que se dieron en esa época, la ginebra tipo old tom sólo aparece en cinco recetas, y la ginebra holandesa en dos.

Entre los clientes del Savoy se contaba el ingenioso cantautor y dramaturgo inglés Noël Coward. Aficionado a la ginebra, Coward la homenajeó como la bebida más importante de la generación en su obra de 1926 *Words and Music* [palabras y música]: «La ginebra, en su cruel y sobria verdad, aviva las llamas de la juventud».

Quienes preferían mezclar bebidas en casa podían comprar cócteles premezclados. Creados en 1924 por Gordon's Gin, se inventaron para celebrar el «espíritu de la época del jazz» (término que usaba Fitzgerald para referirse a los Felices Veinte). Al igual que los premezclados de la compañía americana Heublein, cada cóctel iba acompañado de una coctelera y los ingredientes para preparar un 50/50, un martini, un dry martini, un perfect o un piccadilly. Un año después, la ginebra Plymouth publicó su primer recetario, que incluía cócteles clásicos como el dry martini, el gimlet y el pink gin. El cocktail original nunca llegó al grueso de la población británica, pues ésta prefería la ginebra mezclada con tónica, angostura o cerveza de jengibre. Uno de los combinados más populares era el dog's nose [hocico de perro]: una pinta de ale o porter con un chorrito de ginebra.

La cultura etílica americana no dejó de crecer bajo la Prohibición, extendiéndose a Inglaterra y el resto de Europa gracias a la determinación de los americanos por beber, aunque tuvieran que violar la ley o viajar a otros países para hacerlo. La gran ironía de la Prohibición fue que, a pesar de las nuevas leyes, el consumo de alcohol aumentó durante la Ley Seca. Un artículo en la revista *Time* del 4 de diciembre de 1933, justo cuando hubo una apelación contra la Ley Volstead, observó lo siguiente:

> En 1913, Estados Unidos consumía 133 millones de galones [598 millones de litros] de whiskey, 5 millones [22 millones] de ginebra, millón y medio [casi siete millones] de whisky escocés y un poco de irlandés [...]. El negocio del licor se incrementó durante la Prohibición hasta llegar a por lo menos 200 millones de galones al año [900 millones de litros].

Cuando el 5 de diciembre de 1933 el «noble experimento» de la Prohibición fue cancelado, el alcohol auténtico irrumpió en el mercado: pronto se dispuso de licores americanos legales, además de productos importados.

La ginebra, sin embargo, tenía ventaja sobre la competencia por varias razones. Una de ellas era que la ginebra se podía elaborar y exportar sin añejarse, algo que las productoras de whisky no se podían permitir: habían destruido todos sus almacenes durante la Prohibición, y el proceso de añejo del whisky los obligaba a tomarse su tiempo. Gordon's identificó esta demanda, y abrió su primera destilería americana en 1934. Gilbey's hizo lo mismo en 1938, y hoy en día sigue destilando en Estados Unidos. La destilería canadiense Seagram's comenzó a producir ginebra seca en 1939: hasta hoy, sigue siendo la ginebra dominante en el mercado norteamericano.

De la fama al olvido

Cuando Franklin Delano Roosevelt firmó la 21.ª Enmienda y revocó la Prohibición, lo hizo con un jocoso comentario: «Creo que éste es un buen momento para tomarse una cerveza». De hecho, Roosevelt era bebedor de martinis, aunque entre sus invitados se decía bajo cuerda que sus cócteles eran infectos. Aun así, el hecho de que el presidente de Estados Unidos tomara martinis regularmente (a menudo los preparaba para sus empleados durante unas fiestecillas conocidas como «horas infantiles») contribuyó notablemente a darle renombre a la bebida.

Había vínculos estrechos entre la historia de la ginebra americana y el martini, pero esto por sí solo no explica la importancia de este cóctel. Es quizá el combinado más famoso y discutido en el mundo. Según H. L. Mencken, periodista y crítico social, es «el único invento americano tan perfecto como el soneto». Ernest Hemingway creía que un distintivo de los hombres verdaderos era el gusto por el dry martini.

En el libro *Martini, Straight Up* [martini sin más; 2003], Lowell Edmunds, profesor de Estudios Clásicos en la Universidad Rutgers, observa que el martini emite una serie de mensajes concretos. Su codificación es la siguiente: es una bebida inequívocamente americana, urbana y cosmopolita que indica un alto estatus social. Es una bebida para hombres adultos, no para niños. Es una bebida inherentemente optimista que echa la vista atrás. Es una bebida llena de ambigüedades. El martini es refinado y, a la vez, inculto. Unifica y separa. Es un clásico individualista, una bebida sensible y fuerte en igual medida.

Dadas las astutas observaciones de Edmunds, no es sorprendente que Nikita Jrushchov llamara al martini «la más letal de las armas americanas». Hoy, un dry martini se puede preparar con ginebra o vodka. Sin embargo, desde la época anterior a la Prohibición hasta la presidencia de Roosevelt el martini con ginebra era la única opción.

La historia del martini está llena de lagunas y salpicada de datos apócrifos. Los ingleses asociaron erróneamente el nombre del cóctel al fusil Martini-Henry, mientras que los italianos daban crédito a la destilería de vermut Martini & Rossi. Los neoyorquinos consagraron como creador a un barman llamado Martini di Arma di Taggia, mientras que la ciudad de Martínez, en California, afirma que se inventó ahí. Hay un sinfín de relatos que mantienen vivo el mito, pero ninguno tiene fundamento.

Dejando a un lado sus orígenes, los historiadores están de acuerdo en que el martínez, no la ciudad sino el cóctel, sentó las bases para el martini. La *Modern Bartender's Guide* [guía del barman moderno; 1844] describe el martínez como un manhattan (es decir, whisky, vermut rojo, angostura y sirope de azúcar) con ginebra tipo old tom en vez de whisky, y marrasquino en vez de sirope. Las bebidas dulces estaban en boga por aquel entonces, así que este cóctel no era realmente seco.

El martini del recetario *Cocktail Boothby's American Bartender* (1891) también era bastante dulce. La receta requiere ginebra old tom y vermut dulce, pero reemplaza el marrasquino por más angostura y una espiral de corteza de lima. El recetario del *Modern American Drinks* conserva el limón, pero emplea bíter de naranja, y además sugiere agregar una guinda al marrasquino «al gusto del consumidor».

No hay una fecha o lugar oficial para el nacimiento del dry martini. Tampoco se conoce la ginebra usada en su elaboración. En la década de 1880, el barman William Mulhall, de la famosa Hoffman House de Nueva York, señala que el martini dulce y el seco eran igual de populares, lo cual sugiere que había algún tipo de ginebra seca disponible. Según los registros de la ginebra

Plymouth, el cóctel que después se conocería como dry martini apareció por primera vez en el recetario *Stuart's Fancy Drinks and How to Mix Them* [las bebidas de Stuart Fancy y cómo mezclarla; 1896] y se compone de tres ingredientes: ginebra Plymouth (un lujo bien conocido en esa época), vermut seco y bíter de naranja.

Durante la Prohibición no dejaron de servirse los martinis, aunque sufrieron una transformación en el ingrediente principal, pues se preparaban con «ginebra de bañera». Aun así, las clases adineradas podían conseguir martinis con ginebra verdadera. Entre los defensores del martini estaban los miembros de la Mesa Redonda del Hotel Algonquin en Nueva York, que incluía a eminencias de las letras como Dorothy Parker y Robert Benchley. El grupo del Algonquin, cuyas reuniones se celebraron principalmente durante la Prohibición, era conocido por su ingenio colectivo, muchas veces agudizado por la ginebra. Parker era la arquetípica «chica de moda» atrevida, con lemas tan provocativos como: «Disfruto un martini. Dos, a lo sumo. Al tercero, estoy debajo de la mesa. Al cuarto, estoy debajo del anfitrión». A Benchley se le atribuye otra frase célebre: «¿Por qué no te quitas esa capa mojada y te pones un martini seco?».

El martini, y los licores en general, decayeron un poco durante la Segunda Guerra Mundial, pues los destiladores tenían que concentrarse en producir alcohol industrial. Cuando llegaron los años cincuenta los americanos adoptaron una actitud más estricta, y sus preferencias en cócteles reflejaron este cambio. El martini, una bebida demasiado formal para la delirante grandeza de las anteriores décadas, se convirtió en el emblema de una generación más asentada. De hecho, el «almuerzo con tres martinis» fue habitual entre los hombres de negocios hasta finales de los setenta. Hoy esta costumbre se ha inmortalizado en la serie *Mad Men*, en la cual los personajes más refinados siempre aparecen con una copa de cóctel y cigarro en mano.

Los puristas seguramente afirmarán que el dry martini siempre lleva ginebra. Sin embargo, no tardó en llegar el vodka martini a Estados Unidos. A pesar de ser un licor poco conocido, el vodka se elaboraba en Estados Unidos desde 1930, cuando un inmigrante ruso compró a Smirnoff el derecho a usar su marca y sus métodos de producción. Muy pocas personas lo bebían, y eran sobre todo inmigrantes del este de Europa que añoraban los productos de sus tierras.

En 1952, según el Distilled Spirits Council of the United States [consejo estadounidense de bebidas destiladas], el vodka representaba un minúsculo 1 % de las ventas de la industria licorera. Tras ser comprada por Heublein, Smirnoff empezó a crear campañas publicitarias mucho más potentes. Intentó conquistar el mercado californiano con el moscow mule, un cóctel creado específicamente para promover el vodka que se compone de vodka, cerveza de jengibre y una rodaja de limón, y que debutó en el Cock 'n Bull Restaurant de Los Ángeles. Los californianos no tardaron en aceptar el vodka, pues su sabor neutro lo hacía idóneo para todo tipo de mezclas. Como contraataque, la Seagram's introdujo su propio cóctel, compuesto de zumo de pomelo y, por supuesto, ginebra Seagram's. Lo llamaron seabreeze [brisa marina], pero, irónicamente, hoy en día este cóctel se prepara con vodka.

A principios de los años cincuenta, Smirnoff lanzó una exitosa campaña publicitaria con el eslogan «te quitará el aliento», refiriéndose al carácter inodoro e insulso del vodka. El punto clave: no dejaba rastro en el aliento después de beber, algo perfecto para un almuerzo con tres martinis. En 1951 aparece una receta para el vodka martini en el recetario de cócteles *Bottom's Up!*, demostrando que la bebida había incrementado su popularidad.

Sobrecubierta del libro *Casino Royale* (1955).

Las ventas de vodka ascendieron de 50 000 cajas en 1950 a un millón en 1954. En 1955, el neologismo «vodkatini» entró en el habla popular, y en la década de 1960, cuando se estrenaron las primeras películas de James Bond, el agente 007 rara vez aparecía sin su vodka martini, «agitado, no revuelto». Esto no era ninguna coincidencia, pues Smirnoff había tenido la astucia de convencer a la productora de que James Bond bebiera vodka en vez de ginebra.

Paradójicamente, en la primera novela Bond, *Casino Royale*, el agente bebe un cóctel de su propia invención que lleva ginebra y un poco de vodka. El vesper, nombre que se le dio al cóctel, se preparaba con tres partes de ginebra, una parte de vodka y media parte de Kina Lillet, un vino blanco aderezado con quinina. Cuando el amor de su vida, Vesper Lynd, lo traiciona, Bond decide no tomar nunca más un vesper. El público hizo lo mismo. Sólo recientemente, y gracias al entusiasmo de algunos expertos en coctelería, se ha rescatado este cóctel.

Si Smirnoff mostró al público los méritos del vodka, James Bond le dio carácter (frío, peligroso, seductor) y la ginebra no pudo competir con él. Poco a poco, los cócteles con vodka aparecieron en las cartas de los bares. El gintónic se convirtió en vodkatónic; el screwdriver y el bloody mary dominaban la escena. La ginebra contraatacó: Gordon's intentó recuperar el mercado con campañas publicitarias que apelaban directamente a los consumidores: «Asegúrese de que está bebiendo Gordon's. Pídala por su nombre al camarero».

A pesar de pequeños intentos de refrescar su imagen, los días de la ginebra en la coctelería estaban contados: las ventas de vodka continuarían aumentando hasta los años sesenta. El vodka era ideal para las nuevas generaciones, que tenían un paladar menos exigente y buscaban diferenciarse de sus antecesores. La ginebra era una bebida anticuada y demasiado aromática, mientras que el vodka siempre ha sido una bebida neutra, más un conducto que una base. La gente pronto advirtió que servía para emborracharse sin un sabor excesivo a alcohol. Las mujeres, en particular, la bebían porque no dejaba olor a alcohol en el aliento. Así, el vodka desbancó a la ginebra como el licor más popular de los años setenta en Estados Unidos. Sin embargo (lo prueba la historia), la ginebra nunca se conforma con un segundo plano. La ginebra recuperó el terreno perdido a principios del siglo XXI.

6
El renacimiento de la ginebra

Me quedo con la ginebra. El champán no es más que un ginger ale con amigos.
HAWKEYE PIERCE, M*A*S*H

Hoy en día, la ginebra y la jenever han tenido un gran renacer, quizá más que ningún otro licor. Desde principios del nuevo milenio, han surgido más de 30 nuevas marcas de ginebra en el mercado. Las ginebras británicas de la vieja escuela, como Beefeater o Tanqueray, han relanzado versiones modernas de sus productos clásicos, mientras que en Estados Unidos han surgido muchas pequeñas destilerías artesanales que ofrecen ginebras elaboradas con esencias vegetales muy novedosas. Incluso hay una compañía que se ha aventurado a comercializar la primera jenever estadounidense elaborada a la manera holandesa. Los británicos no se han quedado a la zaga y hoy hay varias destilerías *boutique* que han revivido licores olvidados (como la ginebra old tom) o creado nuevos tipos.

Los holandeses, a pesar de sus vínculos con la ginebra, han sido mucho menos dinámicos en sus innovaciones. Aun así, Bols sacó partido del interés internacional por las ginebras antiguas y lanzó una jenever creada especialmente para la exportación a Estados Unidos y Gran Bretaña.

La decadencia de la ginebra

El camino que ha recorrido la ginebra para ganarse el respeto de la industria licorera no ha sido fácil. Hasta finales del siglo XX había pocas marcas de ginebra americana disponibles, y ninguna era importante. De hecho, hasta finales de la última década Estados Unidos dependía de las ginebras importadas, principalmente ginebra london dry, Gordon's y Beefeater.

En los años siguientes a la Prohibición, los cócteles más excéntricos pasaron al segundo plano y surgieron nuevos combinados más pragmáticos, discretos y con menos ingredientes. Además del martini, el gintónic se había hecho famoso en Estados Unidos, pero en los bares el agua tónica era cara, lo que hacía que el gintónic fuese una bebida para ricos. Cuando bajó el precio del agua tónica, creció la popularidad del gintónic. A principios de los sesenta, el gintónic adquirió además un aura más refinada cuando el presidente John F. Kennedy admitió que era su bebida preferida.

Durante la Segunda Guerra Mundial la producción de ginebra se vio mermada por los esfuerzos bélicos. A pesar de la escasez de licor verdadero, los ejércitos se las ingeniaron para seguir bebiendo. En la novela de James Jones *La delgada línea roja*, unos soldados crean un mejunje «parecido a un tom collins» a base de loción Aqua Velva y zumo de pomelo. Se rumorea que las tripulaciones de los torpederos patrulla bebían «zumo de torpedo», aludiendo con esa expresión al alcohol que se usaba en las plataformas de lanzamiento. Los oficia-

Botella de la jenever Bols creada para los mercados británico y norteamericano en respuesta a la nueva pasión por los cócteles.

les del *USS Gunnel* fueron más afortunados: mientras reparaban el submarino en Escocia, las fuerzas británicas retaron a la tripulación americana a un concurso de beber ginebra. Los americanos ganaron rotundamente y los británicos premiaron a la tripulación con un *gin pennant*, el «gallardete de la ginebra» inglés. El *Gunnel* nunca volvió a tocar puerto sin lucir el verde y blanco de esa enseña en su asta.

Las destilerías inglesas sufrieron en mayor medida durante la Segunda Guerra Mundial. Al igual que el americano, el ejército británico tomó el control de las destilerías y las reenfocó a la producción de alcohol industrial. El producto resultante se ganó el jocoso mote de «coctelería para Hitler», cosa que a Alemania no le hizo ninguna gracia. El 11 de mayo de 1941 bombardearon Goswell Road y destrozaron el negocio de Gordon's. Cuando todavía estaba siendo bombardeada, los trabajadores regresaron a la destilería para extinguir los incendios y terminar la producción del día. La planta de Gordon's tardó años en ser reconstruida, tiempo durante el cual la producción se mudó a Escocia y otras sedes.

Plymouth tuvo más suerte que Gordon's. En 1942 la Luftwaffe bombardeó Blackfriars, pero la destilería salió indemne. En respuesta a este ataque, el Ministerio de Marina informó a toda la flota británica, y, al poco tiempo, los oficiales británicos estacionados en Malta comenzaron a ofrecer una botella de ginebra Plymouth a cualquier artillero que hundiera una nave o derribara un avión alemán.

Taller donde se embalaban las botellas de Gordon's destinadas a la exportación (hacia 1930).

Cuando en los años sesenta el vodka alcanzó prominencia, y dominó el mercado en los setenta, la ginebra era vista como una reliquia de otra época, tanto en Gran Bretaña como en Estados Unidos, pero en 1976 se produjo un sutil ajuste en la actitud americana hacia el alcohol. Como parte de su campaña presidencial, Jimmy Carter criticó públicamente el «almuerzo con tres martinis» como un vivo ejemplo de las injustas leyes fiscales estadounidenses, gracias a las cuales los pobres subvencionaban los excesos de los ricos. Carter ganó las elecciones, y los hombres de negocios empezaron a pensárselo antes de beber martinis en público.

En los años ochenta triunfó en Estados Unidos una nueva mentalidad: las adicciones entraron en escena, comenzó la locura por el ejercicio, y el agua «de diseño» era el nuevo cóctel. En 1985 un artículo de la revista *Time* declaró que el martini era una «chusca reliquia del pasado».

El regreso de la ginebra

El lanzamiento en 1987 de la ginebra Bombay Sapphire london dry supuso una cierta revolución en el ámbito de los licores. No sólo se envasaba en una vistosa botella azul cuadrada, sino que además la etiqueta especificaba con claridad los diez condimentos de su receta, algo nunca antes visto en el sigiloso mundo de la ginebra. El sabor de esta ginebra era más cítrico que cualquier otra london dry, y al enfocarse menos en el sabor a nebrina, la Bombay se ganó una gran cantidad de clientes que no solían beber ginebra. Se puede decir, a riesgo de no decir suficiente, que la Bombay demostró cómo la ginebra aún podía reinventarse. La revolución había comenzado, pero tendría que pasar una década más antes de que el mundo de los licores reconociera de nuevo a la ginebra como un elemento importante.

Botella de Bombay Sapphire London Dry. Su característico vidrio azul y la lista de ingredientes grabada en los lados fueron innovaciones muy peculiares.

Mientras que el Reino Unido tenía experiencia produciendo ginebras de alta categoría, éste no era el caso en Estados Unidos. La Fleischmann's, «primera ginebra americana» según su propia publicidad, aún se produce en Estados Unidos, pero nunca ha sido competencia para las ginebras exportadas. La Seagram's, procedente de Canadá, es la ginebra más vendida en Estados Unidos. Hay dos marcas de ginebra originariamente británicas, la Gilbey's y la Booth's, que ya no se producen en el Reino Unido, pero tienen un público fiel en Estados Unidos y desde hace tiempo se embotellan en ese país.

Aun así, comparadas con las ginebras importadas o las artesanales americanas, todas estas marcas eran ginebras «de oferta». Desde 1960 hasta los años noventa, si un bebedor buscaba un chupito más sofisticado, tenía que encontrar una london dry importada.

Mientras tanto, surgió un nuevo tipo de barman. En Londres durante los setenta, mientras algunos pasaban sus noches en discotecas sorbiendo piñas coladas, Dick Bradsell se dedicó a estudiar los cócteles clásicos, defender los ingredientes frescos no enlatados, y formar una nueva generación de bármanes británicos. El equivalente americano a Bradsell fue Dale DeGroff. Con el manual de Jerry Thomas como guía, en los años ochenta DeGroff creó una carta de cócteles clásicos para el Rainbow Room en Nueva York. Las recetas de Thomas requieren siropes caseros y cítricos frescos de acuerdo con una perspectiva culinaria en la elaboración de cócteles a la que DeGroff se hizo adepto. Sus clientes no tardaron en compartir esas creencias.

La nostalgia por los cócteles de la vieja escuela se extendió por todo el país, primero con la moda *swing* de los años noventa (jóvenes fascinados por la música, los bailes y las películas de los treinta y cuarenta) y después con la cultura *lounge*, que buscaba imitar la informal irreverencia de Rat Pack, el grupo de vividores formado, entre otros, por Frank Sinatra, Dean Martin y Sammy Davis Jr. El dry martini reinó durante esas décadas y la ginebra volvió a sus días de gloria.

Según la Gin and Vodka Association de Gran Bretaña, la exportación de ginebra y vodka aumentó más de un 40 % entre 1995 y 2000. Al mismo tiempo surgieron

Publicidad de Gordon's (1960). La «selecta» elegancia de estos anuncios cautivaría a una nueva generación de bebedores en los años noventa.

grandes innovaciones en los componentes vegetales y nuevas técnicas de destilación como la vaporización y el remojado. Los destiladores de hoy cuentan con más de 200 extractos, pero el «triunvirato» vegetal de la ginebra seca consiste tradicionalmente en angélica, cilantro y enebro. Los demás elementos distinguen una ginebra de otra.

Sin considerar la ausencia de azúcares, la nebrina es el elemento que le confiere a la ginebra su aroma a pino fresco y su sabor «seco». Cuanto más enebro contenga, más seca será la ginebra. Al agregar cualquier tipo de cítrico se crea una ginebra más dulce y afrutada y, por tanto, menos «seca». El cilantro le da un poderoso pero elegante sabor a limón o naranja que equilibra la acidez de la nebrina, pero sin el dulzor de un cítrico verdadero. Ambos sabores casan cuando se agrega angélica, una raíz ligeramente dulce que actúa como catalizador en la bebida.

Aparte de estos tres componentes, los destiladores podían crear una bebida más compleja y sofisticada utilizando canela, jengibre, corteza de casia, pimienta cubeba y granos del paraíso; las ginebras más perfumadas incluían también raíz de iris germánica o lirio; las variedades más afrutadas ponían en juego los cítricos. Tradicionalmente, en las ginebras london dry o en las jenevers holandesas y belgas siempre había predominado el enebro, pero las nuevas ginebras eran muy diferentes de los viejos géneros: se alejaron del enebro y adoptaron ingredientes menos convencionales.

El secreto para destilar ginebra está en la manera de obtener las esencias vegetales. En el caso de la london dry y otras ginebras secas, los componentes se maceran juntos y la mezcla se remoja en alcohol por un periodo de tiempo específico. Según la definición oficial de la Unión Europea, para la london dry se deben destilar todos los elementos vegetales juntos.

La Bombay Sapphire fue la primera ginebra en usar infusiones de vapor en alambiques Carter Head

Aderezos empleados para elaborar ginebra (en el sentido de las manecillas del reloj): cortezas de naranja y lima, almendras, semillas de hinojo, canela en rama, nuez moscada, bayas de enebro, semillas de cilantro, vainas de cardamomo y bayas de cubeba.

destilación en frío o con ingredientes fraccionados) que conducen a tipos de ginebra muy específicos.

Con la nueva gama de componentes vegetales surge el problema de definir las nuevas variedades de ginebra. La mayoría de ellas son productos artesanales, en el sentido de que suelen elaborarse en pequeñas cantidades y prestando atención a cada remesa individual. En contraste, aunque elaboran licores de altísima calidad, Gordon's, Tanqueray y Beefeater no dejan de practicar la producción a gran escala con vistas a un mercado masivo. David Wondrich usa el término «estilo internacional» para agrupar las diversas ginebras no incluidas en las categorías london dry, Plymouth, old tom o jenever.

Una compañía en particular, Aviation Gin, designa sus productos como «nueva ginebra seca occidental». El término implica que el enebro es el vegetal dominante en la bebida, pero admite una gran flexibilidad en el uso de «componentes secundarios» y permite que los destiladores sean más creativos con el sabor de sus ginebras. Los puristas de la london dry fruncieron el ceño ante una designación tan imprecisa, sobre todo porque muchos extractos vegetales modernos tienden a endulzar el licor. Otras marcas (la Bluecoat de Filadelfia, por ejemplo) se definen como «ginebras secas americanas», pero son, en lo esencial, variantes de la london dry.

El márquetin no convencional

En 1980, Absolut Vodka desveló su innovadora campaña publicitaria «Absolut perfection», en cuyos carteles figuraba solamente la botella y el eslogan. Desde entonces, Absolut ha llevado a cabo un sinfín de campañas similares que suelen incluir algún objeto parecido a una botella de Absolut complementada con un eslogan. Muchas se han producido para revistas específicas, como el «Absolut centerfold», para la página desplegable de la revista *Playboy*, o el «Absolut cities» para *Newsweek*. Absolut reinventó el mundo de las campañas publicitarias con sus vistosos carteles.

Anuncio actual de Hendrick's. El uso de imágenes retro evoca la época dorada de la ginebra.

El renacimiento de la ginebra

El futbolista Tony Sinclair en un anuncio de Tanqueray (2005). La campaña fue diseñada para seducir a una nueva generación de aficionados.

Cuando la Bombay Sapphire estrenó su ginebra, la empresa sabía que no sólo debían hacer frente a la competencia: tenían que doblegarla. La compañía buscó la complicidad del mundo artístico, en un intento de adquirir un aire internacional y exclusivo. Para las campañas publicitarias se contrataron a varios diseñadores, quienes crearon únicas piezas de «arte» color zafiro para complementar la botella de la Bombay; entre ellas, una tela azul con diseño de cachemira obra de Emma Gardner, un elaborado diseño de luces florales creado por Tord Boontje, y una copa de cóctel diseñada por Karim Rashid.

Desde sus inicios, la Hendrick's se posicionó como una ginebra iconoclasta. En sus juguetonas campañas publicitarias figuraban hombres y mujeres victorianos, a menudo en situaciones sugestivas que involucraban pepinos. Al igual que la Bombay Sapphire, la Hendrick's se distingue por su vistosa botella. El grueso vidrio negro, como si fuera una botella de apotecaria, evoca épocas antiguas, con su tapón de corcho y etiqueta en forma de diamante.

La ginebra Martin Miller's representa el punto de encuentro entre lo clásico y lo moderno, enfocada a «personas que buscan algo nuevo o auténtico». Esta idea es evidente en sus campañas publicitarias, en las que aparecen cosas nuevas junto a otras viejas: un imponente perro ártico junto a un caniche rosa, unas zapatillas deportivas junto a unos zapatos oxford y un sofá de cuero junto a un sofá en forma de labios, siempre con una botella de Martin Miller's en medio.

Otras compañías usan presentaciones más atrevidas. La ginebra Bulldog es una london dry hecha a la manera clásica, pero la botella tiene un varonil mate grisáceo y un collar con púas alrededor del cuello de la botella. En 1994, el rapero Snoop Dogg lanzó su canción «Gin & Juice», en la que se mencionan los cócteles premezclados de Seagram's, que iban dirigidos a un público urbano. La letra de la canción de Snoop menciona también la ginebra Tanqueray, de lo cual esta empresa tomó nota, y en 1999 retiró al augusto y caballeroso Mr. Jenkins, un personaje ficticio que protagonizó sus campañas durante cinco años. Luego, en el año 2000, lanzaron la ginebra Malacca, cuyo sabor punzante y afrutado iba dirigido al mercado afroamericano. Aunque la Malacca logró tener cierto éxito entre los entendidos, la marca fue retirada del mercado después de unos pocos años.

En 2005, Tanqueray lanzó su primer anuncio televisivo. Estaba protagonizada por un afable joven negro llamado Tony Sinclair. Con acento inglés, pico de oro y su eslogan «¿listo para Tanqueray?», Sinclair contrastaba acusadamente con Mr. Jenkins, y sin ninguna duda apelaba a un público más joven, moderno y diverso.

El renacer de las antiguas variedades

En estos últimos años se ha producido un gran cambio en el mundo de la ginebra con la reintroducción, sobre todo en el mercado americano, de las ginebras que existían antes de la Prohibición, como la jenever y la ginebra old tom. Relegadas durante años a viejos recetarios de cócteles, estas ginebras han experimentado un renacimiento en popularidad por diversos motivos.

A lo largo de la última década, hubo grandes cambios en la opinión pública sobre los cócteles. Esto es, en gran parte, gracias a cocteleros como Dale DeGroff, Dick Bradsell y toda una nueva generación de expertos que han seguido sus pasos. Cuando los bármanes redescubrieron bebidas clásicas como las que incluía Jerry Thomas en su famosa guía, la demanda de ginebra creció.

Durante muchos años, personas como DeGroff y David Wondrich suscitaron el interés de varias productoras de ginebra, pues vieron que había un público receptivo a estas anticuadas recetas. El hecho de que estas recetas resurgieran dice mucho sobre cómo había evolucionado la cultura coctelera.

Botella de Ransom, una old tom. El diseño deliberadamente anticuado la presenta como heredera de una vieja tradición.

Surgieron muchas ginebras old tom, entre ellas la Hayman's, la Ransom y la Jensen. El Hotel Dorchester ofrece una ginebra exclusiva basada en una receta del siglo XVIII y elaborada por el productor de la Hendrick's, William Grant.

La Plymouth, la Gordon's y la Hayman's han puesto a la venta en Gran Bretaña sus propias versiones del *sloe gin*, un licor casero de frutas elaborado de manera tradicional. La Plymouth ha empezado a exportar el suyo a Estados Unidos. Elaborado a base de endrinas, el sloe gin es el ingrediente principal de cócteles como el sloe gin fizz. La Plymouth también elabora *damson gin*, una ginebra aderezada con ciruela damascena.

Además de la old tom y las ginebras con frutas, la jenever está volviendo a entrar en escena. En 2007, Anchor Distilling lanzó la ginebra Genevieve, la primera jenever moderna producida en América. Poco después, la Bols creó una jenever moderna específicamente para el mercado norteamericano y británico. Con la intención de crear una auténtica jenever a la antigua usanza, la botella enfatiza el tipo de vino de malta, lo cual evoca la similitud con el whisky de la verdadera jenever. Luego, a finales de 2011, la compañía lanzó una jenever añejada en barricas de roble francés durante dieciocho meses, lo que dota de mayor complejidad al sabor de la bebida.

Jenever, joven y vieja

Irónicamente, el culto a la jenever en los Países Bajos y Bélgica no ha crecido de la misma manera que el culto a la ginebra en América y Gran Bretaña. Desde 1950, una especie de jenever insulsa y parecida al vodka llamada *jonge* ha dominado el mercado de ambos países europeos. De hecho, en Holanda, una marca de jenever jonge en particular vende más que todos los vodkas juntos: más de tres millones de cajas al año. El término *jonge* [joven] alude a la ausencia de vino de malta, no a la edad del producto. La ginebra hecha a la antigua recibe el nombre de *oude*, tiene un alto contenido de vino de malta y aún se puede encontrar en tiendas, pero es una bebida sólo destinada a dipsómanos «serios». Hay otras dos categorías especializadas: el *korenwijn*, jenever hecha con vino de maíz, que por regla debe tener al

Jenever Old Schiedam, sólo disponible en el Jenevermuseum de Schiedam, Holanda. La receta es una versión bastante fiel de las fórmulas originales.

menos un 51 % de vino de malta; y el *moutwijnjenever*, o jenever de vino de malta, que también suele tener más de un 51 % de vino de malta, pero no necesariamente. Este último tipo de jenever es el que usó Jerry Thomas en todas sus recetas, pero hoy en día es difícil de encontrar.

En la actualidad, la versión más fiel de la jenever antigua se encuentra en el museo de la jenever de Schiedam. Allí se produce la jenever Old Schiedam, que se elabora exclusiva y sensatamente con nebrinas usando como base vino de malta. Se añeja durante tres años en barricas de burbon y tiene un volumen alcohólico del 40 %. Pequeñas empresas como Rutte y Zuidam también se han aventurado a producir sus propias jenevers de alta calidad.

En Bélgica, la compañía más poderosa en el mercado, tanto por su calidad como por su distribución, es la Filliers, fundada en 1880. Aun así, la reputación de la jenever ha sufrido mucho con el pasar de los años. El alcohol barato dio pie al abuso, y por tanto la jenever quedó asociada a las clases bajas. Los labradores comenzaban el día con un vigorizante chupito de jenever, mientras que los trabajadores de las fábricas a menudo recibían sus sueldos en la cafetería del dueño de la fábrica, procediendo a continuación a gastarse el salario en bebidas.

Viñetas satíricas publicadas en Amberes por el gremio de hostelería para desacreditar la Ley Vandervelde (hacia 1919).

Luego, durante la Segunda Guerra Mundial, la maquinaria bélica nazi confiscó los alambiques de cobre usados en la producción de jenever y los destinó a fabricar municiones. Esto, añadido a la Ley Vandervelde que desde 1919 prohibía servir licor en lugares públicos, fue la muerte de la industria de la jenever belga. Hoy en día, incluso en la antigua capital de la jenever, Hasselt, las barras no suelen disponer más que de un solo tipo de jenever oude. Además de los licores internacionales, como el brandi y el vodka, las jenevers de fruta (básicamente schnapps con sabor a frutas) son inmensamente populares entre las nuevas generaciones de bebedores, quienes tienen poco interés en probar las verdaderas jenevers.

Sin embargo, la Unión Europea recientemente le otorgó protección oficial a la jenever decretando que sólo puede aplicarse este nombre a las que han sido elaboradas en Holanda, Bélgica, la región Norte-Paso de Calais en Francia o las provincias alemanas de la Baja Sajonia y Renania del Norte-Westfalia. Y, en el caso de las jenevers tipo oude y jonge, sólo si se han elaborado en Holanda y Bélgica. Además, la jenever ha sido seleccionada para incorporarse a la Slow Food Ark of Taste, un catálogo de alimentos y bebidas «en peligro de extinción» elaborado por la ONG Slow Food.

El resto del mundo

Aparte de Gran Bretaña, Estados Unidos, los Países Bajos y Bélgica, hay muchos otros países aficionados a la ginebra. Filipinas, el mayor productor y consumidor de ginebra del mundo, despacha casi cincuenta millones de cajas al año. Aunque hay algunas ginebras importadas, la Gilbey's solía vender un 95 % de su producción mundial en Filipinas. La marca principal del país es la ginebra San Miguel Premium. Otra marca popular es la Gin Bulag, cuyo nombre en tagalo, lengua hablada en Filipinas, significa «ciego» o «cegar». *Gin Bulag* significa, pues, «ginebra que te deja ciego». El alcohol es un elemento esencial, si no el principal, de la vida social filipina. La gente a menudo se reúne con amigos, en sus casas o en la calle para beber un gintónic o una ginebra con zumo de limón, ya que esto es mucho más barato que beber ginebra sin mezclar.

España sigue a Filipinas en el mercado mundial de la ginebra y tiene el mayor consumo entre todos los países de la Europa continental. La primera marca es Larios, cuya botella es un calco de la empleada por Gordon's. Ocupando el cuarto lugar en las ventas mundiales de ginebra, la ginebra Larios es la base para el Larios con Coca-Cola, un combinado surgido en 1960 y que sigue siendo popular. En Menorca se elabora la Gin Xoriguer, vestigio de la influencia colonial británica que, como la ginebra Plymouth, cuenta con una denominación de origen propia (Mahón).

Ginebra Xoriguer de Mahón. La etiqueta muestra uno de los molinos que salpican el paisaje menorquín.

El colonialismo británico fue el principal agente impulsor en la próspera industria de la ginebra india. Para atender los antojos de los muchos dipsómanos extranjeros, las compañías indias no tardaron en elaborar sus propias ginebras. Hoy, la ginebra es considerada una bebida básicamente femenina, pero tanto destilerías como bármanes intentan cambiar esta imagen. Elaborada desde 1959, la ginebra Blue Riband, de la compañía McDowell, ocupa casi el 50 % del mercado interno. La Gilbey's se destila allí bajo licencia; la Bombay Sapphire, la Gordon's y la Beefeater también tienen presencia en el país.

Greenall's, una de las primeras ginebras london dry, produce un gintónic enlatado bastante popular.

En la Europa oriental, hogar del vodka, la ginebra aparece en lugares inesperados. En Rusia, la gente bebe gintónics enlatados de la marca Greenall's antes de ir al trabajo. Los polacos han consumido ginebra desde que en el siglo XVIII fue introducida allí por marineros holandeses, pero la marca más popular es la Lubuski, que también vende su propio gintónic enlatado.

En Uganda se bebe ginebra *waragi*, cuyo nombre deriva de *war gin*, «ginebra de guerra», término usado por los expatriados británicos durante los años cincuenta y sesenta para referirse al licor casero conocido como *enguli*. La waragi se puede elaborar a partir de varios productos locales, entre ellos el plátano y la caña de azúcar, por lo que a veces se la conoce como «ginebra de plátano». Tiene una pésima fama no sólo por el problema del alcoholismo, sino también por las muertes que causa su frecuente adulteración. En el año 2008, James Akena, concejal en el ayuntamiento de Lira, halló un uso más benigno de la ginebra waragi cuando la mezcló con gasolina para alimentar una motocicleta con un motor de 500 cm^3. Su deseo era que este combustible contribuyera a paliar la crisis energética del país.

Ayer y hoy

Más que cualquier otro licor, la ginebra es capaz de provocar una disputa o de inspirar un poema. El whisky trae a la mente las Tierras Altas de Escocia o los sombríos valles de Irlanda; el ron evoca la piratería y el tráfico de esclavos; el vodka, los déspotas rusos y el ingrato invierno siberiano. A todos estos licores los envuelven leyendas fascinantes, pero la historia de la ginebra es verdaderamente universal porque recorre un largo camino que va del Próximo Oriente medieval a la América contemporánea pasando por la Europa de la Edad Moderna.

La nebrina, ingrediente principal de la ginebra, se usó como remedio curativo en las antiguas culturas egipcia, griega y romana. Durante la época de la Peste Negra, el enebro fue la panacea suprema en toda Europa. Cuando apareció en Flandes, la jenever se convirtió en moneda de cambio y luego en sustento básico para los mercaderes holandeses, que la llevaron a lugares tan lejanos como Argentina o Indonesia.

En Gran Bretaña, la ginebra cruzó fronteras sociales para ser una bebida de los plebeyos y los aristócratas. Al igual que los holandeses, los colonos y comerciantes británicos implantaron la ginebra en todas sus colonias, desde la India a Uganda o Nueva Inglaterra. En América, la ginebra (fuese jenever, old tom, london dry o «de bañera») fue el licor clave en el nacimiento y la evolución del cóctel. Las ginebras de todos los rincones del mundo (Suecia, Nueva Zelanda, Estados Unidos o España) responden hoy a una cultura internacional volcada a las innovaciones y los experimentos.

Los acontecimientos de la última década indican que la ginebra vuelve a ser hegemónica en el universo de los licores. Nuestro aguardiente ofrece sin duda un abanico de variedades que no hallamos en otros destilados. La tradicional ginebra london dry atrae a los clasicistas, que valoran su escueto sabor a enebro. Los amantes del vodka (y quienes busquen excusas para reconsiderar su opinión sobre la ginebra) se sorprenderán al adentrarse en el reino de los nuevos extractos vegetales. Y quienes quieran emprender un viaje al pasado podrán observar y degustar la historia de los licores gracias a la suave dulzura de la ginebra old tom o a la intensidad de la jenever oude.

Al margen de la variedad que uno elija, la ginebra requiere un paladar abierto a los sabores, no un cuerpo que persiga la embriaguez automática. Es un licor cuya

Cartel publicitario de Bols diseñado en 1924 y empleado de nuevo en los años setenta.

tortuosa evolución discurre con la historia de la humanidad, tanto en lo más bajo como en lo más elevado. Navegando sobre el proceloso mar de los aguardientes, la ginebra es hija de una alquimia magistral capaz de transformar dos humildísimos elementos (el grano y el enebro) en un delicioso elixir de complejidad infinita.

Recetas

Como ocurre con cualquier combinado, el producto final será tan bueno como los ingredientes que lo componen. Muchas de estas recetas requieren (o recomiendan) ginebras específicas. Aun así, merece la pena probar con distintas marcas o variedades.

Cócteles clásicos

CORPSE REVIVER (número 2)

Receta de Ted Haigh, autor de *Vintage Spirits and Forgotten Cocktails* [licores añejos y cócteles olvidados], originalmente *The Savoy Cocktail Book*, recetario recopilado por Harry Craddock.

>30 ml de zumo de limón
>30 ml de Lillet Blanc
>30 ml de Cointreau
>30 ml de una ginebra seca
>1 chorrito de absenta

Mezclar bien con hielo y colar sobre una copa de cóctel. Añadir una guinda a la copa. Como recalcan casi todos los recetarios modernos, las medidas de los ingredientes deben ser exactas.

La receta original requiere Kina Lillet, una bebida que ya no está disponible. Un buen sustituto es el aperitivo Cocchi Americano. La absenta recomendada es Marteau Absinthe de la Belle Époque.

GIN COCKTAIL

Según las instrucciones de *How to Mix Drinks, or the Bon Vivant's Companion* de Jerry Thomas.

> 3 o 4 cucharaditas de sirope
> 2 chorritos de bíter
> 60 ml de ginebra jenever
> 1 o 2 chorritos de curaçao
> corteza de limón

Llenar un tercio de la coctelera con hielo, mezclar bien y colar sobre una copa de cóctel. El sirope se prepara calentando azúcar glas disuelto en agua hasta que se forma una especie de almíbar. Hay que enfriarlo en la nevera.

MARTÍNEZ

Según las instrucciones de *How to Mix Drinks, or the Bon Vivant's Companion* de Jerry Thomas.

> 2 chorritos de marrasquino
> 30 ml de ginebra tipo old tom
> 60 ml de vermut dulce

Mezclar con hielo y colar sobre una copa de cóctel. Colocar media rodaja de limón en la copa. De acuerdo con Thomas, «si el cliente prefiere las bebidas dulces, agregar dos cucharaditas de azúcar glas».

PINK GIN/GIN & BITTERS/GIN PAHIT

La proporción de angostura y la manera como se agrega a la ginebra o la copa varían. Esta receta está tomada de *Jigger, Beaker, and Glass* (1939) de Charles H. Baker Jr.

> 4 o 5 chorritos de angostura
> ginebra tipo old tom o london dry

Remover la angostura en una coctelera y verter sobre una copa. De acuerdo con Baker hay que «inclinar la copa como si fuera la Torre de Pisa y girar el tallo sosteniéndolo entre el pulgar y los otros dedos; la angostura que se adhiera al interior de la copa será la cantidad precisa». Tirar el resto de la angostura. Llenar la copa con ginebra.

RAMOS GIN FIZZ
(también conocido como NEW ORLEANS FIZZ)

Según el historiador de la coctelería David Wondrich, ésta es la «receta secreta» de Henry Charles Ramos, quien la ofreció al público después de que la Prohibición lo obligara a clausurar su bar. Hay que agitar esta bebida larga y vigorosamente debido a la índole de sus ingredientes. En 1915, Ramos empleó a 35 «agitadores»: cada uno de ellos sacudía la mezcla hasta el agotamiento y se la pasaba entonces al siguiente.

> 1 cucharadita de azúcar glas
> 3 o 4 gotas (no más) de agua de azahar
> medio limón exprimido
> media lima exprimida
> 45 ml de ginebra tipo old tom
> 1 clara de huevo
> medio vaso de hielo picado
> 2 cucharaditas de nata líquida
> 30 ml de agua con gas

Verter todos los ingredientes en la coctelera. De acuerdo con Ramos se debe «agitar, agitar y agitar hasta que no quede ni una sola burbuja y la mezcla tenga la cremosa, suave y blanca consistencia de la buena leche». También se puede usar ginebra Plymouth. Los bármanes modernos sugieren colar la bebida sobre un vaso alto, agregar el agua con gas y remover un poco.

EL SINGAPORE SLING ORIGINAL

Según la receta de Gaz Regan, afamado barman y escritor. Hay muchas versiones: ésta contiene los ingredientes usados en el mítico Hotel Raffles de Singapur.

> 60 ml de ginebra Beefeater
> 15 ml de Heering (licor de cerezas)
> 7,5 ml de Bénédictine
> 15 ml de Cointreau
> 60 ml de zumo de piña
> 22 ml de zumo de lima
> 2 chorritos de angostura
> agua con gas

Mezclar todos los ingredientes (salvo el agua) en una coctelera con hielo. Colar sobre un vaso alto lleno de cubitos. Rellenar el vaso con el agua.

EL INMORTAL SINGAPORE RAFFLES GIN SLING

Esta versión procede de *Jigger, Beaker, and Glass* de Charles H. Baker Jr., quien describe la bebida como «algo lento, delicioso y traicionero». Baker incluye instrucciones para la receta original que llevaba todos los ingredientes a partes iguales. La fórmula aquí recogida es un poco más seca.

> 60 ml de una ginebra seca u old tom
> 30 ml de kirsch
> 30 ml de Bénédictine
> agua con gas al gusto

Agitar bien en una coctelera con hielo y colar sobre un pequeño vaso con cubitos. Añadir agua con gas muy fría. Adornar con una espiral de corteza de lima.

SMALL DINGER

Esta rareza aparece en la edición de 1935 de *Bar La Florida Cocktails*, recetario del famoso bar Floridita de La Habana.

Dado que el bar era conocido como «la cuna del daiquiri» (que lleva ron, azúcar y lima), este cóctel con ginebra resulta de lo más interesante.

30 ml de ginebra Gordon's (según la receta original)
30 ml de ron Barcardí o cualquier otro ron ligero

> 15 ml de granadina
> 15 ml de zumo de limón

Agitar bien en una coctelera con hielo y colar sobre una copa de cóctel.

DAMA BLANCA

Según el recetario *The Savoy Cocktail Book*.

La creación de este cóctel se atribuye tanto a Harry Craddock como a Harry MacElhone, ambos del Harry's American Bar de París.

> 22 ml de zumo de limón
> 22 ml de Cointreau
> 45 ml de ginebra seca

Agitar bien en una coctelera con hielo y colar sobre una copa de cóctel.

Cócteles modernos

BOLD, BRIGHT, AND FEARLESS
[audaz, brillante y atrevido]

Receta de Gaz Regan.

Regan dice: «Si usas jenever Bols para este cóctel tendrás una bebida suave y agradable con una buena dosis de carácter. Si no eres un aficionado al whisky, la versión con Bols te vendrá bien. Sin embargo, si de verdad eres "audaz, brillante y atrevido" y te gusta tomarte un whisky de vez en cuando, usa Anchor Distillery's Genevieve para preparar este cóctel. La versión con Genevieve es extraordinaria».

> 45 ml de jenever
> 15 ml de Cointreau
> 15 ml de zumo de piña
> 15 ml de zumo de limón
> 1 chorrito de angostura
> 1 espiral de limón

Agitar vigorosamente con hielo y colar sobre una copa de cóctel fría.

FITZGERALD

Receta de Dale DeGroff, autor de *The Essential Cocktail*.

Cuando DeGroff trabajaba en el Rainbow Room de Nueva York, un cliente le pidió que creara una alternativa al gintónic. Ésta fue su propuesta: una variante del gin sour.

> 45 ml de ginebra
> 22 ml de sirope
> 22 ml de zumo de limón
> 2 chorritos de angostura
> 1 rodaja de limón

Agitar los ingredientes con hielo y colar sobre un vaso (también con hielo). Decorar con una rodaja de limón.

GOWANUS CLUB GIN PUNCH
Receta de David Wondrich.

Wondrich llama a este cóctel «adaptación libre, mas no demasiado» de los ponches con ginebra del siglo XIX pensada para ginebras modernas. (La ginebra Leopold's tiene el sabor cítrico ideal para dotar de vida a este cóctel.)

> *Para el ponche*
> 3 limones
> 50 gramos de azúcar glas
> 250 ml de zumo de limón recién exprimido y colado
> 125 ml de jarabe de piña
> 30 ml de Chartreuse amarillo
> 1 litro de ginebra Plymouth
> 1 litro de té verde
> agua con gas al gusto
> hojas de menta
>
> *Para el jarabe de piña*
> 1 kilo de azúcar moreno
> 1 piña

Pelar tres limones quitando la menor cantidad de médula posible (se recomienda un pelador con pivote en la navaja). Colocar las cortezas en un tazón grande y revolver con 50 gramos de azúcar. Dejar reposar durante una hora. Agregar 250 mililitros de zumo de limón fresco y remover hasta que el azúcar se haya disuelto. Luego, agregar 125 ml de jarabe de piña, 30 ml de Chartreuse amarillo, un litro de ginebra Plymouth y un litro de té verde (colocar tres bolsitas de té dentro de un litro de agua caliente durante tres minutos, retirarlas y dejar que se enfríe). Remover de nuevo, retirar las cortezas de limón y refrigerar el ponche por lo menos una hora.

Cómo preparar jarabe de piña
Mezclar 1 kilo de azúcar moreno en medio litro de agua a fuego lento hasta que se disuelva y forme un sirope. Dejar que se enfríe. Pelar, descorazonar y cortar una piña en pequeños cubos de aproximadamente dos centímetros. Colocar los cubitos en un tazón, recubrirlos con sirope, sellar el tazón con papel film y dejar reposar toda la noche. Colar la bebida para quitar los cubitos (se pueden congelar y guardar para decorar el ponche después), embotellar el sirope y refrigerar.

Para servir, llenar un cuenco de 4 litros con hielo hasta la mitad, verter el ponche y agregar un litro de agua con gas. Remover un poco y decorar (o no) con las hojas de menta.

JENEVER ALEXANDER
Receta de Philip Duff, experto en ginebra/jenever y fundador de Door 74 (Ámsterdam).

Según Duff, este combinado «es esencialmente un ponche de leche [...], una bebida intensa y cremosa con un fuerte sabor a malta».

> 45 ml de jenever oude*
> 45 ml de crema de cacao oscuro (licor)
> 67 ml de leche entera
> 22 ml de sirope de azúcar

Agitar vigorosamente los ingredientes en una coctelera con hielo. Colar sobre una copa de cóctel fría. Ras-

poco del alcohol absorbido por las endrinas y lo que quede de su color, que al final será parecido al del vino rosado.

Tras las dos semanas, se cuela el licor sobre la mezcla original, se agita y se endulza a voluntad. Algunos prefieren que el sloe gin madure unos meses. Cuanto más tiempo se añeje, más generoso será su sabor. Su color también cambiará con la oxidación.

Apéndice: algunas ginebras de hoy

Desde el Reino Unido a Filipinas, desde los Países Bajos a Estados Unidos, las muchas variedades de la ginebra siguen siendo muy populares en todo el mundo. Pero el renacimiento global de este licor ha hecho que las marcas tradicionales compartan espacio en las estanterías con una amplia gama de productos modernos.

Ginebras secas modernas

Si la clásica london dry y las otras ginebras secas tradicionales (Beefeater, Gordon's, Greenall's, Tanqueray, Plymouth o la Boodles de 1845) se caracterizan por el sabor a enebro, las ginebras secas modernas, aunque también elaboradas con nebrinas, juguetean con las reglas tanto en sus extractos como en sus métodos de destilación.

Bulldog London Dry Gin (Reino Unido): Una marca *super premium* elaborada en Londres. El licor de esta ginebra se destila cuatro veces y se filtra tres. Contiene extractos de amapola, ojo de dragón, hojas de loto y lavanda, lo cual le da un perfil poco convencional reflejado en su agresivo envase.

Cadenhead's Old Raj Gin (Escocia): Como guiño a las ginebras indias de la época colonial, la Old Raj se destila con azafrán para dotarla de un leve color pajizo y un punto de sabor exótico. Sus componentes vegetales se dejan en remojo durante 36 horas en una mezcla de alcohol y agua. Disponible en versiones de 62 y 52 grados.

Cap Rock Organic Dry Gin (Estados Unidos): Esta ginebra orgánica sólo contiene extractos «enteros» de, por ejemplo, capullos de rosa o lavanda. El licor base se obtiene destilando alcoholes de manzana y trigo.

DH Krahn Gin (Estados Unidos): Destilada en un alambique tipo Stupfler, esta ginebra pasa por un proceso de maceración con varias fases para extraer las esencias de los ingredientes. Después de la primera destilación, cada remesa se añeja durante tres meses en un barril de acero. Sus peculiares extractos (jengibre tailandés o cáscara de pomelo californiano) la distinguen de otras ginebras.

Junipero Gin (Estados Unidos): Lanzada en 1998 por Anchor Distilling, ésta fue la primera en la nueva generación de ginebras. Aunque aún depende del enebro como extracto principal, la ginebra Junipero tiene un sabor sutilmente condimentado que proviene de sus varios ingredientes secretos. Anchor también elabora una ginebra tipo jenever.

Martin Miller's Reformed London Dry (Reino Unido): Esta ginebra, bautizada así en honor a su adinerado y famoso fundador, se elabora en Inglaterra y usa extractos vegetales tradicionales. Luego se transporta a Islandia, donde el licor se rebaja con agua del manantial Selyri, lo que suaviza el sabor de la bebida.

Oxley Classic English Dry Gin (Escocia): Ésta es la primera ginebra elaborada por destilación en frío. En lugar de calentar los ingredientes, se reduce la presión y la temperatura en el alambique para vaporizar el licor. Luego, un condensador reconvierte el vapor en líquido. Este sistema no genera impurezas y sólo deja el «corazón» del licor. Oxley es la única marca que emplea nebrinas escocesas, las mismas que en el siglo XVII usaban los holandeses para elaborar jenever.

Whitley Neill Gin (Reino Unido): Destilada en viejos alambiques de cobre, esta ginebra se elabora con el fruto del baobab y con aguaymanto, ingredientes nunca antes usados en la producción de ginebra. Aun así, el enebro y otras especias tradicionales dotan a este licor de un sabor seco.

Ginebras artesanales modernas

Muchas ginebras modernas han elegido el mismo camino que la Hendrick's: romper las reglas de manera drástica. Aunque el enebro sigue formando parte de sus ingredientes, hay otros nuevos y sorprendentes sabores. Esta experimentación con las fórmulas se ha extendido también a algunas ginebras london dry.

Aviation Gin (Estados Unidos): Esta compañía se autodefine como *new Western dry gin*. Aunque el enebro es esencial, se permite y fomenta el uso de otros extractos en su receta. La ginebra Aviation destaca por el sabor salado y floral que le otorgan elementos como la zarzaparrilla índica, el anís y la lavanda.

Beefeater 24 Gin (Inglaterra): Vinculada a la famosa marca londinense, esta ginebra toma la receta original como base y agrega una mezcla de sencha japonés, té verde chino y cáscara de pomelo. Estos componentes se maceran con la nebrina en una destilación de 24 horas, tiempo que da nombre a la bebida.

Bloom Gin (Reino Unido): Creada por la única mujer que dirige una empresa en esta industria, Bloom es una ginebra de triple destilación elaborada con extractos vegetales como la camomila, la madreselva y el pomelo. Sin embargo, y reflejando el estilo de Greenall's, la compañía matriz de Bloom, el enebro sigue siendo el ingrediente principal de la mezcla.

Caorunn Gin (Escocia): Una marca estrictamente «regional»: esta ginebra usa agua de las Tierras Altas escocesas y extractos vegetales «celtas» como el pomo de serbal, el diente de león, el brezo, las manzanas coul blush y el arrayán brabántico.

G'Vine Floraison y G'Vine Nouaison (Francia): La ginebra G'Vine utiliza uvas ugni blanc en vez de cereales para elaborar el licor base. Al igual que con el brandi, primero se hace un vino que después se destila cuatro veces hasta producir un licor neutro de uva. Esta ginebra contiene un extracto vegetal muy poco común: la flor de uva verde, que sólo florece unos pocos días al año. Esta flor es cosechada, macerada y, finalmente, combinada con otros nueve ingredientes tradicionales: nebrinas, nuez moscada y pimienta de Java.

Leopold's American Small Batch Gin (Estados Unidos): Esta ginebra, elaborada en Colorado agrega los extractos (entre ellos cardamomo, cilantro, naranja y pomelo) en tandas; es decir, cada uno se destila por separado antes de mezclarlos porque esto enfatiza los sabores de cada ingrediente. Al igual que el whisky de alta calidad, esta ginebra sólo contiene el «corazón» del licor destilado, lo cual le da un carácter más claro y definido.

Number 209 Gin (Estados Unidos): En esta ginebra, el enebro tiene un papel secundario en relación con la bergamota y el cardamomo. El licor se elabora con agua de las montañas de Sierra Nevada mezclada con extractos previamente remojados en licor neutro. La empresa afirma que su producto es un simple *gin* para distinguirse de la variedad london dry.

Right Gin (Suecia): El uso de maíz norteamericano como grano base explica el sabor dulce de esta ginebra, mientras que los rastros cítricos toman prioridad sobre el enebro. El agua usada en su elaboración se obtiene en un lago cercano a Malmö (Suecia). Uno de los extractos de esta ginebra es la pimienta negra de Sarawak.

Small's Gin (Estados Unidos): Esta ginebra casera se elabora con pequeños alambiques de retorta y contiene ingredientes cultivados de manera natural (anís estrellado, alcaravea y frambuesa). La fórmula es una combinación de varias recetas del siglo XIX. (La destilería de Small's, Ransom Spirits, también elabora una ginebra tipo old tom.)

Ginebras old tom

Según David Wondrich, el término old tom abarca una vasta gama de ginebras desde el punto de vista histórico: incluye las ginebras del siglo XVIII, las ginebras dulces tipo jenever y las ginebras secas edulcoradas de finales del siglo XIX. Hoy en día, muy pocos destiladores intentan imitar o recrear estas recetas antiguas.

Hayman's Old Tom Gin (Reino Unido): Esta dulce y redonda recreación de la ginebra old tom se basa en la receta que Hayman's usaba a finales del siglo XIX. Entre sus extractos vegetales se cuentan el enebro, el cilantro, la angélica, la raíz de orris y varios cítricos. Fue la primera ginebra old tom que llegó al mercado americano.

Ransom Old Tom Gin (Estados Unidos): Creada en colaboración con el historiador de los cócteles David Wondrich, ésta es la primera ginebra old tom elaborada en Estados Unidos. Es muy diferente de la Hayman's, pues se asemeja más a las ginebras de principios del siglo XIX. Su suave color ambarino es el resultado de un envejecimiento en barricas; sus leves notas maltosas ocultan un discreto sabor a enebro y su dulzura proviene exclusivamente de extractos sin azúcar (como en la versión histórica).

Jensen's Old Tom Gin (Reino Unido): Esta old tom británica se basa en una receta de 1840. Su dulzura natural procede de numerosos extractos (con el enebro al frente). Se aprecian tonos florales y cítricos. (Jensen's también produce la Bermondsey Gin, una ginebra seca de estilo tradicional.)

Jenevers y ginebras relacionadas

Los Países Bajos y Bélgica continúan produciendo jenever. Los licores aquí consignados no se exportan a Estados Unidos, pero el creciente interés norteamericano por la jenever ha permitido que Bols haya entrado en el mercado de ese país con el apoyo de Anchor Distilling.

Genevieve (Estados Unidos): Primera jenever moderna norteamericana, la Genevieve se elabora con los mismos extractos que la ginebra Junipero, otro producto de Anchor Distilling.

Jenever Bols (Holanda): En la estela de la jenever clásica, este producto se parece al whisky y al vino de malta. Se elabora con cuatro destilados paralelos que se mezclan al final: vino de malta (centeno, trigo y maíz), licor neutro de cereal, licor de nebrinas y licor con varios extractos vegetales.

Jenever Filliers (Bélgica): Esta jenever todavía se elabora con los métodos del siglo XIX. Su receta requiere una mezcla de maíz, centeno y cebada.

Old Schiedam Jenever (Holanda): La más auténtica expresión de la jenever clásica se puede encontrar en el museo de Schiedam. Esta receta lleva un 100 % de vino de malta y tiene un 40 % de contenido alcohólico. El enebro es su único extracto vegetal. Además se añeja en barricas de burbon durante tres años.

Jenever Zuidam (Holanda): El antiguo maestro destilador de DeKuyper ha creado con su hijo esta jenever de triple destilación. Los granos son una equilibrada mezcla de cebada, maíz y centeno. Los extractos vegetales (enebro, regaliz, vainilla y mejorana) se agregan en la cuarta y última destilación.

Agradecimientos

Escribir un libro es como preparar un cóctel: el producto final sólo es tan bueno como sus ingredientes. Tuve la fortuna de contar con magníficos «ingredientes»: varios genios de la ginebra que respondieron a mis preguntas con entusiasmo, consultaron mis dudas a otros entendidos, enviaron imágenes o recetas y, finalmente, enmendaron mis errores. Dale DeGroff se merece el título de «rey de los cócteles». Hablé con el historiador David Wondrich, un tipo muy minucioso, y con Ted Haigh, que me suministró con amabilidad todo lo que le pedí (y pedí mucho). Ted me presentó a Hugh Williams, maestro destilador en Gordon's/Tanqueray/Gilbey's. Hugh no es sólo una fuente de información sobre la ginebra, sino también un encantador observador de la vida. Phillip Duff, barman, experto en bebidas y tabernero, fue mi Virgilio para la jenever; sus conocimientos se sumaron a los de Henry Reymen del Nationaal Jenevermuseum de Hasselt, Guido Beauchaz del Jenevermuseum de Schiedam y el historiador Ton Vermeulen, de Bols. Brian Rea y Gaz Regan son también miembros de la realeza coctelera. Por el lado académico, Jessica Warner fue impagable investigando la Locura de la Ginebra; Susan Walker, de la biblioteca de Yale, y Ken Albala, de la Universidad del Pacífico, me ayudaron a encontrar documentos cruciales; Colin Brewer, Dan Malleck, James Nicholls, Judy Stove y Dave Trippel, de la Alcohol and Drugs History Society, me orientaron eficazmente. En el mundo de las marcas debo darle las gracias a numerosas personas: Simon Ford, embajador de Plymouth; Miranda Hayman, de Hayman Brothers; Charlotte Voisey, de William Grant and Sons (Hendrick's); los archivistas de Diageo, Alia Campbell, Christine McCafferty y Joanne McKerchar; Scott Leopold, de Leopold Brothers Gin; Ryan Magarian, de Aviation Gin; Tad Seestedt, de Ransom Spirits; Cathryn Zommer, de G&J Greenall's; Lindsay Gorton, de Martin Miller's; y Danielle Katz, de Bombay Sapphire. A los editores Michael Leaman y Andy Smith debo agradecerles que me permitieran embarcarme en este proyecto. Muchas gracias también a mi revisora en Reaktion, Martha Jay, y a la investigadora fotográfica Susannah Jayes por «enseñarme las reglas». Parafraseando a Franklin Delano Roosevelt, creo que éste es un buen momento para echar un trago. Salud.

Créditos de las imágenes

Colección de la autora: pp. 92, 110; Aviation Gin: p. 144; Blue Island Ltd: p. 155; colección de Lucas Bols: pp. 43, 44, 133, 159; Bombay Sapphire Gin: p. 136; © The Trustees of the British Museum, Londres: pp. 60, 61, 67, 78; Diageo: pp. 16, 72, 83, 86, 90, 115, 134, 138, 147; Getty Images: p. 140; William Grant & Sons: pp. 14, 21, 146; G&J Greenall's: p. 156; colección de Ted Haigh: pp. 35, 82, 101, 105, 112, 113; Hayman's Gin: p. 81; Istockphoto: p. 7; Jenevermuseum, Hasselt, Bélgica: pp. 15, 35, 36, 46, 153; Jenevermuseum, Schiedam, Países Bajos: p. 152; biblioteca de la Leiden University: p. 31; Leopold Brothers: p. 142; London Metropolitan Archives: p. 52; National Library of Medicine, Bethesda, Maryland: pp. 13, 22, 23, 25, 41, 45, 64, 65, 96, 114; Museum of the American Cocktail, Nueva Orleans: p. 117; Plymouth Gin: pp. 73, 91; Ransom Spirits: p. 150; colección de Brian Rea: p. 104; Sazerac Company: p. 108; David Solmonson: pp. 140, 143; Tikitnet: p. 127; biblioteca Lewis Walpole, Yale University: pp. 12, 50; Worshipful Company of Distillers: p. 51.

Índice

Introducción	11
1. Los orígenes terapéuticos de la ginebra	19
2. La jenever de los Países Bajos	29
3. La ginebra en Gran Bretaña: la Locura de la Ginebra	49
4. El imperio, los nuevos locales y la london dry	69
5. La ginebra en Norteamérica	99
6. El renacimiento de la ginebra	131
Recetas	161
Apéndice: algunas ginebras de hoy	173
Agradecimientos	181
Créditos de las imágenes	183

• ALIOS • VIDI •
• VENTOS • ALIASQVE •
• PROCELLAS •

© Lesley Jacobs Solmonson, 2012
© Reaktion Books Ltd, 2012
© Traducción: Bernardo Domínguez Reyes

© Malpaso Ediciones, S. L. U.
C/ Diputación, 327 ppal. 1.ª
08009 Barcelona
www.malpasoed.com

Título original: *Gin: A Global History*
ISBN: 978-84-16420-13-1
Depósito legal: B 22376- 2015

Primera edición: noviembre de 2015

Imagen de cubierta: Enrique Alda
Impresión: Novoprint
Maquetación y corrección: Átona Víctor Igual, S. L

Bajo las sanciones establecidas por las leyes,
quedan rigurosamente prohibidas, sin la autorización
por escrito de los titulares del copyright, la
reproducción total o parcial de esta obra por cualquier
medio o procedimiento mecánico o electrónico, actual
o futuro –incluyendo las fotocopias y la difusión a
través de Internet– y la distribución de ejemplares de
esta edición mediante alquiler o préstamo públicos.